CORNELIA GIEBELER
THOMAS HENKE

DIE ERSTE FREMDE

Kleinstkinder im Übergang
von der Familie
in die Kindertagesstätte

VERLAG BARBARA BUDRICH
OPLADEN & FARMINGTON HILLS, MI 2011

PERSONENVERZEICHNIS DER AKTEURE
IN DER AUSSTELLUNG ›DIE ERSTE FREMDE‹
Die erste Fremde – eine filmische Installation
von Cornelia Giebeler und Thomas Henke

Ausstellung im Bielefelder Kunstverein
vom 27. bis 29. August 2011

IDEE, WISSENSCHAFTLICHE KONZEPTION, FORSCHUNGSDESIGN Cornelia Giebeler
ÄSTHETISCHE KONZEPTION, REGIE, INSTALLATION Thomas Henke
INTERVIEWS Cornelia Giebeler
KAMERA Oliver Held, Thomas Henke
MONTAGE Oliver Held
KURATORISCHE BERATUNG Thomas Thiel
AUFBAUTEAM Mark Florian Friedrich, Markus Mutz, Adalbert Wojtczak
STUDIERENDE IM MASTER-STUDIENGANG Thorsten Kuhlmann, Alexandra Martin, Susanne Schmidt, Nicole Krug, Zeliha Karacöl, Isabella Skiba, Denise van den Berg, Miri Pape, Michaela Mura
INTERVIEWPARTNER Mark Gnoth, Miguel Alvarez, Natalie Gnoth, Nicole Drees-Alvarez
KINDER-PROTAGONISTEN Zolani Gnoth, Iyari Alvarez
KOORDINATION / KITA Martina Ritzenhoff
BEZUGSERZIEHER Helge Wiebe
BETEILIGTE ERZIEHERINNEN Cornelia Ulrich, Sonja Selbig, Maike Ramminger

Das Projekt wurde realisiert aus Mitteln der Frauen- und Geschlechterforschung der FH Bielefeld, der von Laer Stiftung und Forschungsgeldern des Fachbereichs Sozialwesen

LEKTORAT Christian Weissenborn, Madrid
GESTALTUNG UND SATZ Jenna Gesse, Bielefeld
BILDBEARBEITUNG Jenna Gesse, Bielefeld
DRUCK DruckVerlag Kettler GmbH, Bönen
PAPIER Munken Print white / Bilderdruck

Die Deutsche Nationalbibliothek verzeichnet diese Publikation in der Deutschen Nationalbibliografie; detaillierte bibliografische Daten sind im Internet über http://dnb.d-nb.de abrufbar.

Opladen & Farmington Hills, MI
www.budrich-verlag.de

ISBN 978-3-86649-446-6

Aber das Kleinkind steht von Anfang an vor dem Problem der korrekten Induktion. Es muß aus der Fülle der vorliegenden Sinneseindrücke eine praktische Grundlage herausfiltern, auf der es zu einer Projektion in die Zukunft gelangt (um einen Ausdruck von NELSON GOODMAN aufzugreifen), zu einer Version von Welt, die funktioniert (GOODMAN 1983). Das Kleinkind besitzt keine Gewohnheiten, auf die es zurückgreifen könnte, und es verfügt über keine Weltversion, die es umzugestalten vermöchte.

(MARY DOUGLAS 1991/1986 *Wie Institutionen denken.*
Frankfurt am Main, S. 104)

8

DANKSAGUNG

Zur Realisierung dieses Projektes haben Viele beigetragen: Wir bedanken uns besonders für die Unterstützung zur Realisierung des Projektes bei HILDE SCHUMACHER-GRUB als Gleichstellungsbeauftragte der *FH Bielefeld,* dem *Fachbereich Sozialwesen* und der *von Laer Stiftung*. Den MitarbeiterInnen der *Kita EffHa* gilt unser besonderer Dank für die aktive und freundliche Beteiligung an den Filmaufnahmen, an dem Interesse am Projekt, den zusätzlichen Terminen vor der Realisation und der Offenheit forschenden Aktivitäten gegenüber. Es ist der Geist einer Forschungskita, der sich langsam realisiert und spürbar wird. Dies gilt vor allem für die Leiterin MARTINA RITZENHOFF, deren aktives Engagement, Überzeugungskraft und Einsatz für das Projekt diese Forschungs- und künstlerische Arbeit erst ermöglicht hat. Ebenso danken wir den Eltern, die mit wenigen Ausnahmen einverstanden waren, an dem Projekt als InterviewpartnerInnen teilzunehmen und vor allem die Bereitschaft gezeigt haben, ihre Kinder für eine öffentliche Präsentation filmen zu lassen.

Ohne die Beteiligung der Studierenden und ihr Engagement, wären die Auswertungen nicht möglich gewesen und vor allem nicht die gefilmten Ergebnispräsentationen, die die Ausstellung bereichern.

Unser ganz besonderer Dank gilt THOMAS THIEL vom *Bielefelder Kunstverein,* der sich für diese experimentelle Arbeit mit visuellen Forschungsmethoden und deren Präsentation geöffnet hat und damit das Thema in die Kunst eingeführt hat.

Ganz besonderer Dank geht an NATALIE GNOTH und MARK GNOTH sowie ihre Tochter ZOLANI, sowie an NICOLE DREES-ALVAREZ und MIGUEL ALVAREZ mit ihrem Sohn IYARI, die sich bereit erklärt haben, über das bewegende Thema, ihre kleinen Kinder in die Kita gegeben zu haben, aus ihrem Erleben heraus zu sprechen. Sie haben uns damit gleichzeitig gestattet, die Bilder ihrer Kinder und die Erlebnisse und Portraits von sich selbst im öffentlichen Kunstraum zu präsentieren und waren damit einverstanden, dass ihre Kinder während der Filmtage im Zentrum der Aufmerksamkeit standen und stehen.

Für die Fertigstellung des Textteiles im Buch gilt ein ganz besonderer Dank den Kolleginnen, die bereichernd und hilfreich mit ihren Kommentaren zum Manuskript zur Seite standen. Vor allem die konstruktiven Rückmeldungen zur empirischen Arbeit durch ERIKA SCHULZE und die intensive Begleitung der Auswertung durch eine virtuelle Forschungswerkstatt mit SYLVIA DITTRICH haben die Arbeit bereichert und vergnüglich werden lassen. BETTINA SAGEBIEL und INGRID RUTHER haben durch ihre Rückmeldungen zum Manuskript wertvolle Hinweise gegeben. Euch allen herzlichen Dank!

Auch denjenigen, die bei der Erstellung der empirischen Studie beteiligt waren, den Kitas, Erzieherinnen und Eltern, studentischen und wissenschaftliche Mitarbeiterinnen, herzlichen Dank.

CORNELIA GIEBELER und THOMAS HENKE, 9. August 2011

INHALTSVERZEICHNIS

14 THOMAS THIEL
Grußwort / Vorwort

18 CORNELIA GIEBELER
Die erste Fremde. Kleinstkinder im Übergang von der Familie in die Kita
18 1. Projektidee – Ausstellung – Akteure
25 2. Fremdheit als Metapher für Lebensweltgestaltung im Zeitalter der Migration
40 3. Elternschaft und Geschlecht, Bindung und Eingewöhnung
54 4. Perspektiven von Eltern und ErzieherInnen auf die Übergangspraxis von der Familie in die Kita
4.1. Die *Kleine Altersmischung NRW*
4.2. Forschungsdesign der Studie ›Qualitätskriterien für Kleinstkindpädagogik in Kindertageseinrichtungen‹
4.3. Sichtweisen der Erzieherinnen
4.4. Sichtweisen der Eltern
92 5. *contact zone* Kita: Videoanalyse des Übergangs in die Kita
5.1. Forschendes Lernen und Fallrekonstruktion
5.1.1. Forschendes Lernen
5.1.2. Forschung und Intervention
5.1.3 Historische Bezüge
5.1.4. Fremdheitserfahrung und Fallrekonstruktion
5.1.5. Professionalisierungsstrategien
5.2. Videografie in der Eingangszone Kita – Vorgehensweise
5.3. Videografie der Eingangszone Kita – Ergebnisse
116 6. Die ›erste Fremde‹ im Film – *arts in the contact zone*
119 7. Kleinstkinder in der Kita. Von der Fremdheit zur Gewohnheit unter Konstellationen von Macht und Raum

124 CYNTHIA KRELL
Annäherungen an die Ausstellung *Die erste Fremde*

140 MARTINA HERRMANN
Fragile Selbstverwirklichung und subtile Fremdbestimmung

156 LISELOTTE AHNERT
Untersuchungsansätze in bisherigen Eingewöhnungsstudien

160 MARTINA RITZENHOFF
Eingewöhnung in der Forschungs-Kita *EffHa*

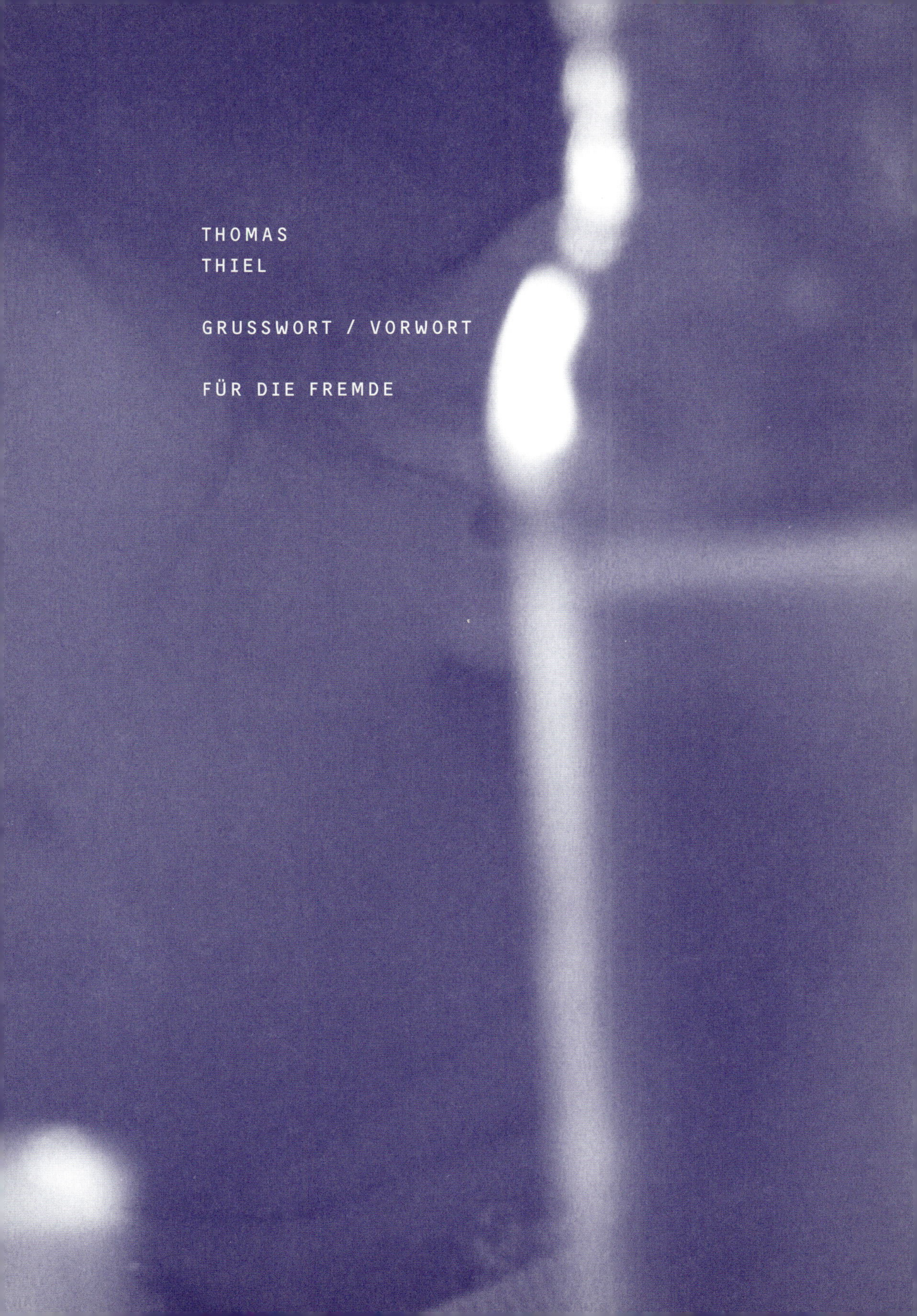

THOMAS
THIEL

GRUSSWORT / VORWORT

FÜR DIE FREMDE

THOMAS THIEL

FÜR DIE FREMDE

Fremd ist uns immer das Andere, das Unbekannte. Selbst das Vertraute kann uns plötzlich fremd werden. Im Umgang mit der Fremde spiegelt sich bekanntlich das eigene Selbst.

Kunstinstitutionen und Ausstellungen sind manchmal Orte der Fremde, gerade dann, wenn wir dort für uns Neues erleben. Künstlerinnen und Künstler eröffnen uns mit ihren Werken einen anderen Blick auf die Welt. Es ist nicht unser eigener Blick, ein Blick der uns nicht unbedingt vertraut ist. Und trotzdem, was wäre Kunst ohne das Fremde?

Kunstvereine bieten Raum, um Unbekanntes zu erproben. Sie sind offen für neue Inhalte und Formate. Das Programm des *Bielefelder Kunstvereins* hat sich zum Ziel gesetzt, neben künstlerischen Positionen immer wieder auch Sichtweisen und Perspektiven von Kultur- und Wissensproduzenten angrenzender Disziplinen zu präsentieren. Kunst entsteht nicht nur in Bezug zu ihrer eigenen Geschichte, sondern vielmehr in der Auseinandersetzung mit anderen Wissensgebieten sowie in der Beschäftigung mit kulturellen Fragestellungen der heutigen Zeit.

Vor diesem Hintergrund mag es vielleicht nicht mehr fremd erscheinen, dass der *Bielefelder Kunstverein* nun unter dem Titel *Die erste Fremde* mit einer filmischen Installation einen vielfältigen Einblick in die Welt der Kindertagesstätten (Kitas) liefert und ein Forschungsprojekt präsentiert, das im Sommersemester 2011 von Prof. Dr. CORNELIA GIEBELER *(Sozial- und Erziehungswissenschaft)* und Prof. THOMAS HENKE *(Neue Medien)* sowie Studierenden der *Fachhochschule Bielefeld (Fachbereich Sozialwesen, Masterstudiengang Angewandte Sozialwissenschaften)* gemeinsam entwickelt wurde. In der Ausstellung wird anhand von Kleinstkind-Beobachtungen und filmischen Interviews mit Eltern und Experten erlebbar, wie der Übergang vom Fremd-Sein und der anschließende Prozess des Vertraut-Werdens in einer für alle Beteiligten existenziellen Übergangssituation erlebt wird. Es sind Videobilder, die auch verdeutlichen, welche wichtige Rolle Bilder nicht nur in der Kunst, sondern auch in der wissenschaftlichen Analyse spielen. Künstler denken vorwiegend in und mit Bildern. Ähnliches gilt immer mehr auch für

Bereiche der Wissenschaft. Die Ausstellung rückt damit ein wesentliches Bindeglied von Kunst und Wissenschaft in den Mittelpunkt – den Umgang mit Bildern. Es ist interessant festzustellen, dass wissenschaftliche Methoden und gemeinhin objektive Bilder ebenso der persönlichen Beobachtung und Interpretation unterworfen sind wie die Kunst. Natürlich ist Forschung alleine noch keine Kunst. Doch besteht ein Unterschied zwischen Wissenschaft und Kunst manchmal nur in der Form, einer anderen Lesart und Verwendung der Bilder.

Mit der Präsentation des Projekts *Die erste Fremde* nimmt der *Bielefelder Kunstverein* erstmalig an der *GENIALE,* dem Science-Festival der *Bielefeld Marketing GmbH* und der Bielefelder Hochschulen teil. Ich freue mich sehr, dass es gelungen ist, die aktuellen Forschungsergebnisse am *Fachbereich Sozialwesen* in besonderer Form einer breiten Öffentlichkeit vorzustellen. Denn tatsächlich und trotz der Debatten um Bildung für Kinder, Ganztagsbetreuung oder Kita-Plätze wird in den Medien wenig über die einschneidenden Erfahrungen und die praktischen Veränderungen dieser Übergangssituation berichtet.

Mein Dank gilt deshalb zuallererst allen Beteiligten und Kooperationspartnern, die zum Erfolg dieses Forschungsprojekts und seiner Präsentation im *Bielefelder Kunstverein* beigetragen haben. In erster Linie danke ich ganz herzlich der *Fachhochschule Bielefeld,* insbesondere den Initiatoren Professorin CORNELIA GIEBELER, die das Projekt wissenschaftlich entwickelt hat, sowie Professor und Medienkünstler THOMAS HENKE, der mit ästhetisch-künstlerischen Beobachtungen das Thema für die öffentliche Präsentation erlebbar macht. Weiterhin danke ich den Mitarbeitern und Studierenden des *Fachbereich Sozialwesens* für ihre Mithilfe bei der Realisierung der Ausstellung. Mein Dank gilt auch denen, die insbesondere das Forschungsvorhaben nicht nur ideell, sondern auch finanziell ermöglicht haben, der *Frauen- und Geschlechterforschung* und dem *Fachbereich 4* der *FH Bielefeld* sowie der *Kita EffHa* und der *von Laer Stiftung.* Nicht zuletzt danke ich dem Vorstand, den Mitarbeiterinnen und Mitarbeitern des *Bielefelder Kunstvereins* für ihre Unterstützung. Dem Forschungsprojekt und dieser Publikation wünsche ich eine gute Wahrnehmung in der Öffentlichkeit.

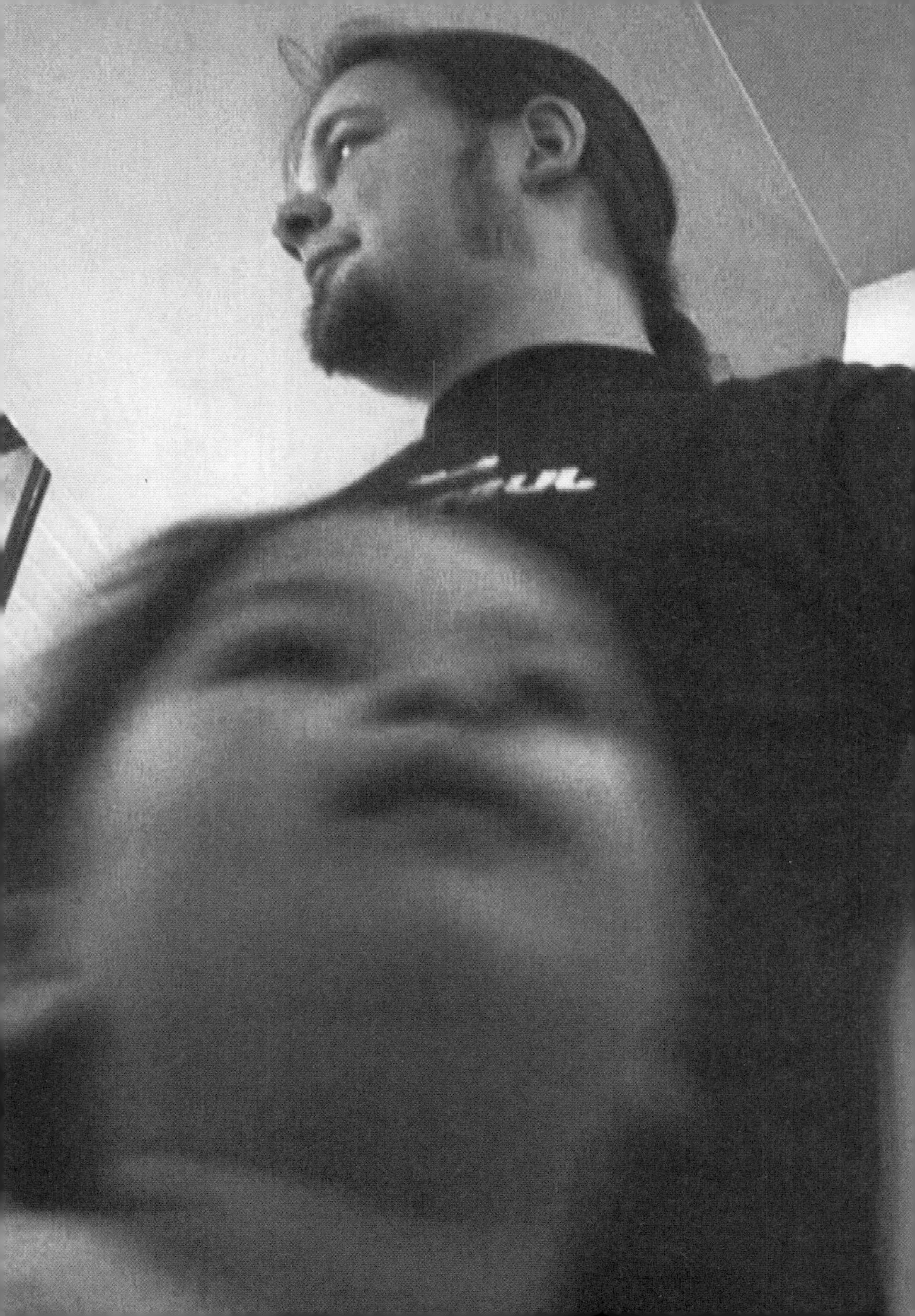

CORNELIA
GIEBELER

DIE ERSTE FREMDE.
KLEINSTKINDER IM ÜBERGANG VON DER FAMILIE IN DIE KITA.

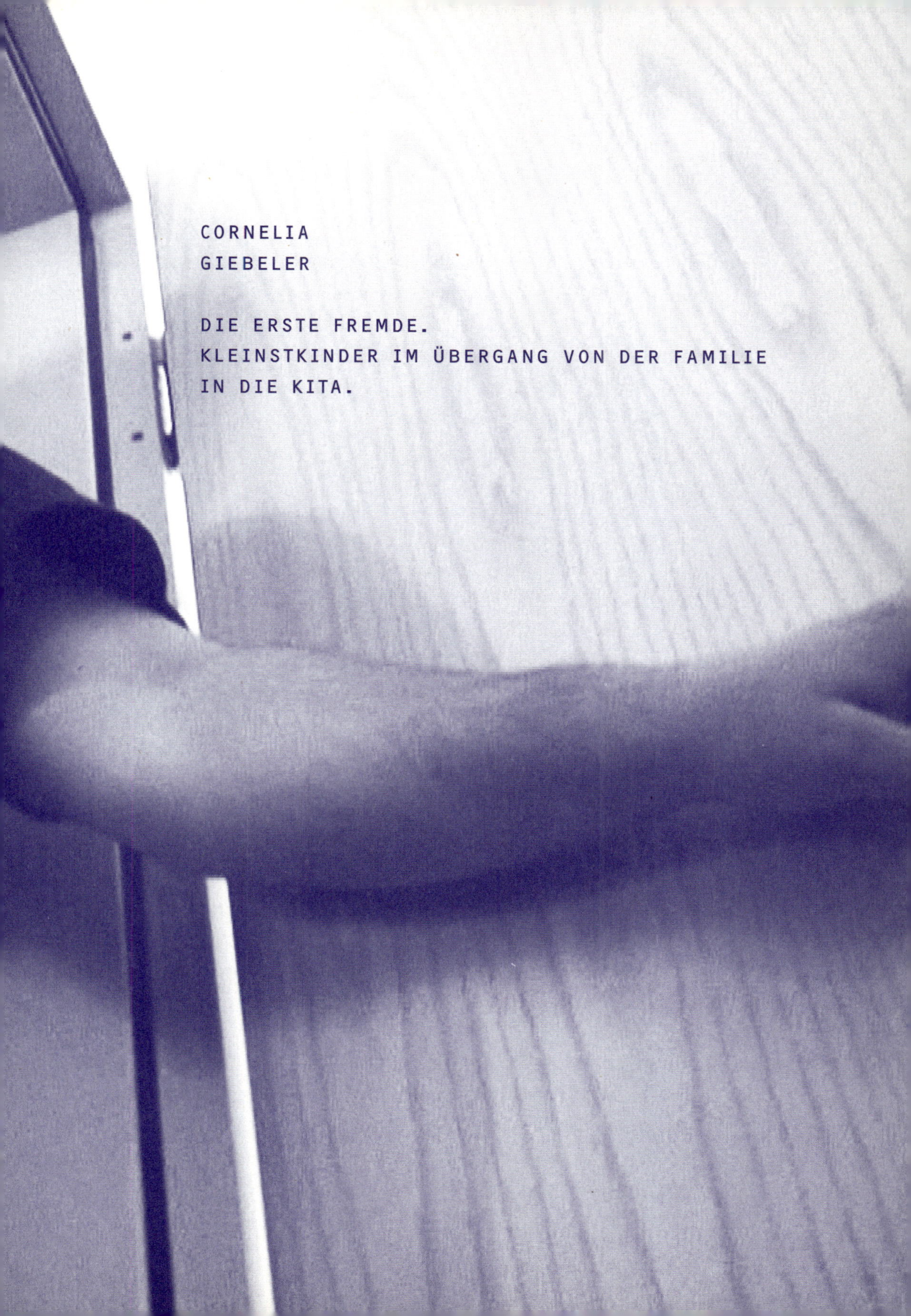

1. DIE ERSTE FREMDE.

Kleinstkinder im Übergang von der Familie in die Kita.

Was ist der Beweggrund, nach zehn Jahren intensiver Debatten um die Kleinstkindbetreuung, um die Qualität, um neue Anforderungen an Erziehung und Bildung in der frühen Kindheit sowie dem selbstläufigen Aufbau von über achtzig neuen Studiengängen im Feld der Pädagogik der Kindheit immer noch das Thema ›Kleinstkinder‹ mit der Fokussierung auf ›Fremdheit‹ in der Kita in den Fokus zu nehmen?

1. Projektidee – Ausstelllung – Akteure

Trotz aller wissenschaftlicher Diskurse und politischer Debatten taucht das ›Rabenmutter‹-Thema und -Gefühl immer wieder auf, wie ich in Seminaren an der FH bis heute feststelle. Es ist und bleibt ein wichtiges Thema – sowohl für die sich professionalisierende Pädagogik der Kindheit als auch für die Eltern, die sich damit befassen, wie es ihrem kleinen Kind wohl in der Kita gehen mag und die einer Vielfalt von Gefühlen und Meinungen ausgesetzt sind.

Genau hierum geht es:

Mit der ›Fremdheits‹-Perspektive auf Kitas werden weder pädagogische Ansätze noch die Frage fokussiert, welches ›Modell‹ der ›Eingewöhnung‹ sich am besten bewährt. Ebenso wenig spielen die Einstellungen und Haltungen von ErzieherInnen und Eltern auf die Kleinstkindbetreuung die entscheidende Rolle, und auch die unter Gleichstellungsgesichtspunkten diskutierte Einführung von Tagesplätzen für Kleinstkinder als Baustein innerhalb der Gleichstellungbemühungen ist nicht der zentrale Aufhänger.

Fokus sind also nicht pädagogische Praxen und der sie umrankende bildungspolitische Diskurs, sondern es geht um die Kontextualisierung, um die Konstellationen, die sich um die institutionelle Bildung und Erziehung ranken, um den institutionellen Raum, der als neue institutionelle Lebenswelt für die Kinder und Eltern und vermehrt auch für die ganz kleinen Menschen einen Ort bietet. Dieser Ort ist gleichzeitig Raum, in dem sich Imaginationen, unterschiedliche Herkünfte und Geschlechter konstruieren. Ich verstehe ihn als Konstituens von Begegnung und Fremdheit auf verschiedenen Ebenen der Interaktion, die von Imaginationen geführt und durch geschlechtliche und sozial-kulturelle Herkunft gestaltet wird.

Im hier untersuchten Fall geht es um die Eingangszone Kita, um die Interaktionen der Kinder, um die Imaginationen, Erfahrungen und Gefühle von Eltern. Fremdheit, Vertrautheit und Ritualisierung von Alltagspraxen ›geschehen‹ und werden im gesprochenen Wort, den Handlungen im Raum und den Interaktionen zwischen allen Beteiligten dokumentiert, erfahrbar und reflektierbar gemacht.

Die Projektidee

Die ›erste Fremde‹ steht in diesem Projekt als Metapher für die Konstellationen von Macht und Raum in der Welt der Kindertagesstätten. Dabei werden Kindertagestätten als ›Kontaktzonen‹ begriffen und zwar im Anschluss an MARIE LUISE PRATTS Versuch, die neuen heterogenen zeitgenössischen Lebenswelten mit diesem Begriff zu theoretisieren. Durch die Anlage des Projektes als Forschungsprojekt in der Zusammenführung von wissenschaftlichen und filmisch-künstlerischen Herangehensweisen finden Verdichtungen statt, die sich dazu eignen, im halb-öffentlichen Raum der künstlerischen Präsentation innerhalb des *Bielefelder Kunstvereins* die Aufmerksamkeit auf das Thema ›Babys in der Kita‹ zu lenken, ein Thema, das, wie uns im Vorfeld der Umsetzung immer wieder vor Augen geführt wurde, weder kunst- noch wissenschaftsfähig erscheint. Kleine Menschen – je kleiner, desto mehr – scheinen ›natürlicherweise‹ dem Privaten vorbehalten – der Familie, der Mutter, privat agierenden Betreuungspersonen – seien sie Tagesmütter oder HaushaltsarbeiterInnen.

Nun hat sich die Welt globalisiert. Längst sind ›Normalarbeitsverhältnisse‹ und Kleinfamilienstrukturen mit klassischer Arbeitsteilung zwischen den Geschlechtern und die daran geknüpfte Selbstverständlichkeit der alleinigen mütterlichen Sorge um das aufwachsende Kind obsolet geworden. Die ›Natürlichkeitsvermutung‹ einer mütterlichen Sorge jedoch bleibt und bringt Zwangsstrukturen hervor, in denen Mütter das Gefühl entwickeln, ihre Kinder in ›fremde‹ Hände geben zu müssen, mit vielfältigen Ambivalenzen, die ebenso wie das Kleinstkind selbst im Privaten verbleiben.

Wir haben nun mit diesem Projekt diesen Prozess öffentlich gemacht und die Differenziertheit der Gefühlswelten, der Argumentationen und der Lebenswelten von Kleinstkindern im institutionellen Raum Kita auf verschiedene Weise erforscht:

Zum einen durch eine Lehrforschung mit einer Gruppe von Master-Studierenden, die sich zwei Semester lang mit Beobachtungs- und Interviewverfahren auseinandergesetzt haben, indem sie diese von Anbeginn praktisch in der Kita erprobt haben, und zwar bezogen auf eine gemeinsame Fragestellung: Wie gestalten sich Übergänge in die Kita? Wie werden sie erfahren, erlebt, gefühlt? Im Fokus der forschenden Aufmerksamkeit waren die Kinder, die videografiert und die Eltern, die interviewt wurden.

Zum anderen durch die Zusammenführung dieser Lehrforschung mit künstlerisch-filmischen Herangehensweisen an das Thema durch meinen Kollegen THOMAS HENKE und den Filmemacher OLIVER HELD, die in subjektiver Kameraführung auf der Höhe der Kinder deren Perspektiven im Raum eingefangen und für neue Projektionen im Raum zusammengestellt haben.

Die Forschungsbasis des Projektes bietet die Untersuchung von Erzieherinnen-, Eltern- und Kinderperspektiven, deren Daten auf diese Fragestellung hin ausgewertet wurden.

Ziel des Projektes war, die so unterschiedlichen und möglicherweise unvereinbaren Perspektiven auf das gemeinsame Thema der ›Ersten Fremde‹ – nämlich der Institution Kita – zusammenzuführen und mit dem gemeinsamen Blick auf den Begriff der Fremdheit das Thema Kleinstkinder in Kitas öffentlich sichtbar werden zu lassen.

Innerhalb der Forschung zu Kleinstkindern wird in diesem Projekt auf zwei Ebenen Neues markiert:

Erstens wird die Kita als gesellschaftliche Institution betrachtet, als Kontaktzone, in der sich Eltern, PädagogInnen, Babys und Kleinstkinder unter formalen und strukturierenden Bedingungen treffen. Diese Bedingungen sind seit den 90er Jahren des 20. Jahrhunderts durch Globalisierung geprägt und haben – so die These – auch Einfluss auf diese Übergangssituationen.

Zweitens erhoffen wir von der Zusammenführung von forschender Erkundung und filmischer Repräsentation sozialer Wirklichkeiten kleiner Menschen und ihrer Umgebung, die Thematik in sinnlicher Weise erfahrbar und erfühlbar zu machen und einer breiteren Öffentlichkeit – vor allem auch der, die (noch) keine Kinder hat – vertraut werden zu lassen.

Die Ausstellung

In der Ausstellung sind gefilmte Interviews mit Eltern sowie mehrkanalige Kompositionen von Aufnahmen kleiner Kinder zusammengeführt; sie betrachten inneres und äußeres Fremd-Sein sowie den Prozess des Vertraut-Werdens in einer für alle Beteiligten existenziellen Übergangssituation. Der Aufbruch des kleinen Kindes in die institutionalisierte Welt der Bildung und Erziehung wird hier auf unterschiedlichen Ebenen mit experimentellen Verfahrensweisen – in der Zusammenführung von Wissenschaft und Kunst – bearbeitet.

Dabei werden im Kunstverein die Fäden zusammengesponnen, indem mehrkanalige großformatig projizierte Bilder von Kleinstkindern einen Raum füllen und zur Betrachtung der Kinderwelt Kita aus der Perspektive der Kleinsten einladen.

Die beiden ProtagonistInnen – ein einjähriger Junge und ein zweijähriges Mädchen – nehmen den Betrachter mit in ihre Welt, die gleichzeitig eine Welt der Pädagogik, der großen Räume und großen Menschen ist. Die Kita wird zu ihrer eigenen Welt, in der sie Abläufe des Alltags kennen lernen und vollziehen, die anders sind als die Abläufe zu Hause. Vater, Mutter, Erzieher und Erzieherin begegnen sich. Kinder erleben und gestalten einen Begegnungsraum mit anderen Kindern, in dem sie Spiel, Essen, Waschen, Wickeln, Streiten, Trauer, Trost und Glück teilen.

Daneben sprechen auf anderen Bild- und Tonkanälen Väter und Mütter, Studentinnen und Studenten zum Thema des Übergangs in die

Kita: Die einen erzählen und berichten von ihren Gedanken und Gefühlen aus der Zeit des Übergangs in die Kita, die anderen setzen sich mit dem gesprochenen Text auseinander und dringen auf diese Weise immer tiefer in die emotionale und gesellschaftlich verfasste Welt dieses Übergangs ein. Denn auch für Väter und Mütter ist der Eintritt in die Kita ein existentieller Schritt in eine neue Lebenssituation. Das Kind ist ›weg‹, auf dem Weg in die erste Institution seines Lebens, aus dem ›Mangel an Zeit‹ wird ein ›ungefüllter Zeitraum‹, aus dem dichten Sozialraum des ›Doppelmenschen‹ wird – wie eine Mutter sagt – die ›getrennte Frau‹ und das ›Kita-Kind‹, indem das Bindungsgefüge zwischen Mutter, Vater und Kind im social space innerer Repräsentationen neu entsteht. In der Installation im Kunstverein sind Aussagen der Studierenden und Aussagen der Eltern so gemischt und verknüpft, dass die vielfältigen Dimensionen der Thematik ›ersehbar, erspürbar, verstehbar‹ und begreifbar werden. Denn der Übergang in die Welt der Kitas ist bislang einer, der Eltern und Kinder trifft und der in der neu entstandenen Debatte um frühkindliche Erziehung als so genannte ›Eingewöhnungsphase‹ seinen Raum hat. Für eine breitere Öffentlichkeit genauso wie für das kunstinteressierte Publikum ist das Thema bislang Tabu. War noch vor zehn Jahren das Kleinstkind nicht wissenschaftsfähig, abgesehen von entwicklungs-psychologischen Zugängen. So ist heute die Präsentation visueller Forschungsmethoden zu diesem Thema in einer Kunstinstitution nicht selbstverständlich.

Während der Durchführung des Ausstellungsprojektes waren diverse Herausforderungen zu bewältigen:

→ Die Zustimmung der Mehrheit der MitarbeiterInnen und der Eltern der Kita *EffHa* zum Gefilmt-Werden
→ Die Zusammenarbeit zwischen ForscherInnen, Kitaleitung und MitarbeiterInnen, die gegenseitige Abstimmung durch Treffen, Briefe, Kooperationsgespräche etc.
→ Die Unterstützung der interviewten Eltern in ihrer Selbstsorge, in einem öffentlich zu präsentierenden Interview ihre Sichtweisen und Emotionen zu zeigen

- → Die Anforderungen an die Filmemacher, die mit ihren großen Kameras den Kleinsten auf Augenhöhe begegnet sind
- → Die Interviewgestaltung mit der Vorgabe der zeitlichen Begrenzung und der öffentlichen Interviewsituation, die den Forschungsbasics nach Anonymität der Interviewten widerspricht
- → Die Transkription und Auswertung der Interviews mit den Elternpaaren auf dieser Grundlage und ihre Ergebnissicherung als Fallanalyse durch Studierende

Alle diese und noch viel mehr Prozesse der Zusammenarbeit, der künstlerischen und wissenschaftlich-rekonstruktiven Annäherung an Menschen, Thema und Institution haben wir *learnig by doing* und *constructing in process* bewältigt und werden in diesem Buch Bestandteile der Installation und ihrer Herstellung sowie den theoretischen und empirischen Kontext, aus dem die Idee erwachsen ist, rekonstruieren und auf den verschiedenen Ebenen darstellen.

Die Akteure im Forschungs- und Entwicklungsprojekt *Contact Zone*

Seit 2008 ist die *Kita EffHa* Betriebskita der *Fachhochschule Bielefeld* und Forschungs- und Entwicklungskita des Bachelor-Studiengangs *Pädagogik der Kindheit* im *Fachbereich Sozialwesen*. Seitdem konnten dort in enger Zusammenarbeit mit der neuen Leiterin MARTINA RITZENHOFF studentische Forschungs- und Entwicklungsarbeiten durchgeführt werden wie z.B. der *Malort,* geleitet von INGRID RUTHER und CHRISTOPH RUST, *Mathematische Bildung,* geleitet von LISA BOLLMANN und *Sprachentwicklung und Motorik,* geleitet von HAVVA ENGIN. Sowohl die Kita-Mitarbeiterinnen als auch die Eltern haben sich auf diese neue Situation eingestellt und sind offen für diese Projekte, von denen sowohl Kinder als auch die MitarbeiterInnen neue Anregungen erhalten und gleichzeitig Studierende Einblicke in die Kitaarbeit und Praxiserfahrungen gewinnen können.

Die Studierenden im Masterstudiengang haben im WiSe 2010/11 im Seminar *Qualitative Forschungs- und Handlungsmethoden: Einführung in Interview- und Beobachtungstechniken, Training* praktische Erfahrungen mit Forschungsverfahren im Rahmen des Projektes *Contact Zone Kita* innerhalb der Kita gemacht, indem sie Interviews mit Eltern und systematische Videobeobachtungen im Eingangsbereich der Kita zum Thema des alltäglichen morgendlichen Eintritts von Eltern und Kindern in die Einrichtung durchgeführt haben. So konnten die Analyseschritte thematisch zentriert entlang der forschungsleitenden Frage zur Übergangsgestaltung im Kitabereich im Eingangsraum der Kita vollzogen und weitergeführt werden in die Beschäftigung mit der ›ersten Fremden‹.

2. FREMDHEIT ALS METAPHER FÜR LEBENSWELT-GESTALTUNG IM ZEITALTER DER MIGRATION

»Wie könnte man einen Fremden tolerieren, wenn man sich nicht selbst als Fremden erfährt?« (KRISTEVA 1990: S.198)

»Die Fremde ist in uns selbst« – so die zentrale Aussage des KRISTEVA`schen Beitrags zum Fremdheitsdiskurs (KRISTEVA 1990), der seit Beginn der 1990er Jahre aus psychoanalytischer, soziologischer und ethnologischer Perspektive geführt wird. Dabei oszilliert der Diskurs zwischen exotisierenden Fremdheitskonstruktionen, wie sie seit den Eroberungen der Welt seit dem 15. Jahrhundert hervorgebracht wurden und zum Beispiel in den Gemälden PAUL GAUGUINS zu finden sind, und entwertender kolonisierender und rassierender Fremdheit, die moralisch, ökonomisch und in ihrer Lebensgestaltung als ›unterentwickelt‹ bezeichnet wird. Bis heute sind es ›Othering‹-Prozesse mit postkolonial fortgesetzten Hierarchisierungen der Welt, die zur Konstruktion von ›Anderen‹ führen, zu Stereotypisierungen, die das »Spektakel des Anderen«, wie STUART HALL es nennt (HALL 2004: S.108–166), zum »rassierten Repräsentationsregime« (HALL 2004: S.158) werden lässt, übertragbar auf alle weiteren Distinktionsmerkmale wie Sexualität / Körper, Geschlecht, Klasse. Durch das Anders-gemacht-werden – vornehmlich über Hautfarbe und Geschlecht – werden Menschen in ihrer als ›fremd‹ konnotierten Andersheit zur Ausgrenzung freigegeben. Rassifizierung und Klassifizierung tragen dazu bei, die postkoloniale Welt aufrechtzuerhalten und werfen die Frage auf, wie die Erfahrung von Fremdheit in der Entwicklung des Menschen Xenophobie und Konstruktionen von Andersheiten befördert. AGLAYA PRYZIBORSKI und MONIKA WOHLRAAB-SAHR führen in ihrem Beitrag zu den Möglichkeiten mit Kindern zu forschen aus: »Es hat sich bei dieser Arbeit als hilfreich erwiesen, sich die doppelte Fremdheit Kindern gegenüber vor Augen zu halten. Zum einen ist man ihren Erfahrungen und Handlungspraxen weitgehend fremd. Zum anderen sind wir den Darstellungsformen der Kinder fremd (geworden)« (PRYZIBORSKI / WOHLRAAB-SAHR 2008: S.119). Dieses Fremdgeworden-Sein wird hier nicht weiter erläutert, verweist jedoch auf getrennte Lebenswelterfahrungen, in denen

Kinder durch Schule, Tageseinrichtungen und zunehmend durch Krippenerfahrungen immer früher in eigenen Kinderwelten sozialisiert und aufgezogen werden.

Die ›erste Fremde‹ steht in diesem Projekt einerseits als Metapher für die in diesen Diskursen entstandenen Fremdheitsvorstellungen und stellt andererseits Fremdheitserfahrungen in der Entwicklung des kleinen Menschen in der ›Post-Gesellschaftsverfassung‹ in das Zentrum der Perspektive. Mit dem Begriff der ›Post‹-Gesellschaften vereinheitliche ich hier die verschiedenen Diskursstränge zur Postkolonialität und Postmodernität. Das Präfix ›Post‹ verweist hier nicht auf eine Gesellschaft ›nach‹ der Moderne oder ›nach‹ dem Kolonialismus, sondern vielmehr auf die fortgesetzte Durchdringung der gegenwärtigen Gesellschaft von Modernität und Kolonialität. Die ›erste Fremde‹ steht hier für die Auseinandersetzung mit sozio-kulturellen Raumerfahrungen im Übergang von der familialen in die institutionelle Welt der Kita. Dabei steht hier nicht die ›Eingewöhnung‹ oder der ›Übergang‹ in neue institutionelle Umwelten im Zentrum, sondern der Kitaraum wird verstanden als NeuverORTung sozialer Räume, in denen sich Mütter und Väter, Kinder, Pädagoginnen und Pädagogen bewegen. Die begriffliche Verwendung des sozialen Raums entspringt hier nicht dem verbreiteten, auf die soziale Besetzung von materiellen Räumen hin orientierten Sozialraum, sondern wird gesehen als *social space,* als ›scape‹, als Landschaft von Imaginarien, Wünschen, Vorstellungen und Beziehungen. *Social Spaces* leben von Sozialität durch Kommunikation, die ORTslos ist. Gemeint sind die sozialen Verbindungen quer durch die Welt, die Zugehörigkeiten schaffen, Familien, die sich im cyberspace treffen und enger miteinander verbunden sind, als es die ortsgebundenen Face-to-Face-Kontakte, z.B. in Migrationskontexten sein können (vgl. APPADURAI 1998). Dieser Ort muss heute beschrieben werden als durchwoben von Imaginationen und Fremdbegegnungen, als Ort, in dem sich große Menschen verschiedenster Herkünfte treffen, mit unterschiedlichsten Biografien, die lediglich eines eint: Die Kinder. Die Kita ist jedoch nicht nur ein ›Ort für Kinder‹ wie es in der Pädagogik der vergangenen Jahre hervorgehoben wurde, sondern ein Ort, der durchaus auch Familie mit einbezieht (LEDIG / SCHNEIDER / ZEHNBAUER

1996), in den sich das Kind ›eingewöhnt‹, in den es ›übergeht‹, und mit ihm befinden sich auch die Eltern bzw. Mütter im ›Übergang‹ von familialen Betreuungsarrangements. Die Kita ist Kontaktzone für Kinder, Eltern und PädagogInnen, in der alles Mögliche passieren oder auch nicht passieren kann. Begegnungen unterschiedlichster Art finden statt, laufen aneinander vorbei, es entstehen Freundschaften, Beziehungen auf Zeit, wichtige Begegnungen und Eindrücke. Die Kita ist *contact zone* im Sinne PRATTS (PRATT 1991), in der sich verschiedenste Individuen aus heterogenen Kontexten in einem sozialen, und gleichzeitig hierarchisierten institutionellen Raum präsentieren. Kita würde ich daher – unter den Bedingungen von Globalisierung – als Kontaktzone verstehen, da sich hier nicht mehr nur die alteingesessene Nachbarschaft trifft, die ihre Kinder in den Kindergarten bringt, sondern auch und immer mehr Menschen, die zeitweise und mit unsicherer Perspektive, aus verschiedensten Ländern mit unterschiedlichsten sozial-kulturellen Gewohnheiten kommend, mit eigenen sexuellen und Körper-Vorstellungen, diesen Kontaktraum zeitlich begrenzt besetzen.

Die ›erste Fremde‹ verweist somit aber auch auf allgemeine Erfahrungen von Fremdheit, die im Lebenslauf immer wieder neu entstehen und unter den Bedingungen von Globalisierung mit ihren Konsequenzen von *Fluidität* und *Heterogenität* eine neue Dimension erfahren. Neue Aufteilungen und die Verflüssigung von scheinbar festen Raumkonzepten schaffen soziale Raum-Wirklichkeiten, die nicht mehr nur geografisch gedacht werden können. Soziale Räume entstehen über nationale und kulturelle Grenzen hinweg, *transnationale Netzwerke,* gestützt durch *media-scapes* (APPADURAI) gestalten die Welt in raum-zeitlich neuen Dimensionen. Entfernungen – gemessen in Zeit – können durch Kommunikationsnetze geografisch 10.000 km und zeitgleich 50 km entfernt sein. Eine Bäuerin im Hochland Nepals z.B. benötigt für ihre Reise aus dem Dorf in das nächste 10 Stunden zu Fuß, die Flugreise von Europa nach Mexiko dauert ebenso lange. Zeit ist ein sich verflüssigender Faktor der Lebensführung geworden, Fremdheitserfahrungen zu einem Begleiter der schnellen Bewegung. So wird die Erfahrung von Fremdheit zu einem ständigen biografischen Begleiter in der Postmoderne. Ob es *Global Women* sind, wie BARBARA EHRENREICH und ARLIE HOCHSCHILD (2004) die global agierenden Hausarbeiterinnen nennen, ob ArbeitsmigrantInnen oder Flüchtlinge, transnational agierende Managerszenen oder regional wandernde Bevölkerungsgruppen – im 21. Jahrhundert, dem *Age of Migration* (CASTLES / MILLER 2008) sind Fremdheitserfahrungen längst nicht mehr nur Begleiter von zu bewältigenden »Statuspassagen« im Lebenslauf, sondern Bestandteil und beteiligt an der Gestaltung von Biografien. Die von ARNOLD VON GENNEP (GENNEP 1909) beschriebenen Riten zur Bewältigung von Statuspassagen kennzeichnen universelle Übergänge von einer Lebensaufgabe zur nächsten, von einem Status im Lebenslauf zu dem nächsten, seien es Übergänge von der Kindheit in die Jugend, Heirat oder das Abstillen von der Mutterbrust. Aus diesem Kontext speist sich der Begriff des Übergangs, der mittlerweile seit ein paar Jahren in der Wissenschaft für alle Veränderungsprozesse im Lebenslauf genutzt wird, sei es der Übergang von der Familie in die Kita, wie er hier thematisiert wird, seien es Übergänge in den Beruf etc. Ob all diese Prozesse »betwixt and between« sind, so wie es VICTOR TURNER in seinem Rückgriff auf GENNEP formulierte (TURNER 1964), ist eine spannende Frage:

Wie sehen die ›Schwellenzustände‹ aus, in denen sich Menschen im Übergang mit ihren Riten bewegen? Sind die Riten unabdingbar für die Bewältigung dieser ›Übergänge‹ oder ist die Welt mittlerweile so anders gestrickt, dass alles Feste, Sichere und Verlässliche längst zum nicht mehr Halt gebenden Strohhalm geworden ist? Es sind doch nicht mehr nur Übergänge von einem Status in den nächsten, absehbare und verallgemeinerbare Lebensabschnitte, in denen identitäre Prozesse stattfinden, die bewältigt werden müssen, wie es noch ERIKSON aus seinen Erfahrungen heraus als acht Entwicklungsstufen (ERIKSON 1988/1992) beschrieb. Es sind Erfahrungen, die biografische, soziale und mediale Räume neu gestalten, in und mit denen soziale Räume gebildet und erlebt, materielle Räume durchschritten und neu gestaltet werden. Das, was hier als Übergang beschrieben wird, ist nicht der alte Übergang des Überschreitens einer Grenze von einem Zustand zum nächsten, von einem Lebensabschnitt zum nächstfolgenden. Der Eintritt in die Kita ist kein kollektiver Prozess aller Mitglieder einer Gesellschaft, wie es z.B. die Initiationsriten waren, die die Übergangsgestaltung in das Erwachsenenleben in vielen nicht-industriellen Gesellschaften begleitet haben. Der Begriff des Übergangs hat sich aus der Kollektivität gelöst – Übergangs- oder Transitionsprozesse, wie sie in den wissenschaftlichen Kontexten genannt werden, Übergänge sind zu formalen Eintritten in andere gesellschaftlich geprägte Zustände geworden, Zustände, die sich allerdings selbst permanent verflüssigen, die sich verändern, erneuern und innerhalb eines Jahrzehntes vollkommen neue Strukturierungen erfahren können. Dennoch wird festgehalten am Begriff des Übergangs, der Illusion, es gäbe einen sozialen Zustand, der gesellschaftlich für alle geltend ein bestimmtes Ereignis so gestalte, als gäbe es ein für alle gleiches Vor und Danach. Den Eintritt des Kleinstkindes in die Kita als Übergangsphänomen zu betrachten, ignoriert die vielfältigen Erfahrungen, die die meisten Kinder bereits mit anderen Betreuungsarrangements gemacht haben. Auch institutionelle Bildung und Erziehung hat sich verflüssigt, hybridisiert. Pädagogische Konzepte orientieren sich z.B. an Altersmischungen, in denen die unterschiedlichen Lebenswelten der Kinder in der Altersmischung zusammenfließen und Heterogenität sich auch in Bildungssystemen abbildet. Auch das grenzbetonende Wort des *U3* verflüssigt sich, da faktisch die Eingangszeit des Kleinstkindes beliebig sein kann. Es kann ein Jahr alt oder zwei sein, aber auch drei oder vier Monate. Der Übergang in die Kita ist (noch) kein gesellschaftlicher Zwangsmechanismus wie der Übergang in die Schule (GIEBELER in DISKOWSKI u.a. 2006). Es ist ein beliebiges Datum innerhalb der Kleinstkindentwicklung, das über den Eintritt in die erste

Institution neue Zugehörigkeiten schafft, Übergangsherausforderungen stellt, kleinste Kinder institutionell prägt, und doch erst seit Kurzem von der Politik, der Pädagogik, der Sozialen Arbeit und den Sozialwissenschaften wahrgenommen wird.

Doch wie lässt sich diese Übergangsbegrifflichkeit mit den Übergängen, die die Ethnologie beschrieben hat, in Einklang bringen? Wie ist hier der Übergang im Sinne der *Rite de Passage,* im Sinne der *Schwellenüberschreitung,* des *betwixt and between* im ›Dazwischen‹ von zwei Zuständen, die sich als sicher und fest beschreiben ließen, zu fassen? Ist das Sichere, Feste und Haltgebende die Mutter, deren Anwesenheit als sicherheitsbietende, Risiko- und stressvermeidende Instanz für das Kind gilt und von der Bindungstheorie erforscht wird? Genau das jedoch – die sichere Bindung an eine Person – ist den Gesellschaften, deren Erforschung wir den Begriff des Übergangs verdanken, fremd. Die Liminalität, der Schwellenzustand der Mehrdeutigkeit, der als Teil der *Rite de Passage* Kreativität und Neues hervorbringt, hat sich nach vollzogenem Übergang erschöpft, in der Moderne wird sie jedoch zur liminoiden Phase, in der Neues hervorgebracht wird. Ritualisierung und Schwellenerfahrung folgen nicht mehr dem Übergang in einen vorherbestimmbaren strukturierten Zustand, sondern gestalten das Handeln der Menschen auf der Schwelle neu. In ›Post‹-Strukturen ist es die Heterogenität und Mehrdeutigkeit eines jeden Individuums und der es umgebenden Umwelten, die dazu führt, sich in formalen Übergangsprozessen wie dem des Eintritts in Institutionen – seien es Kita, Schule oder Arbeitsplatz – auf die Neugestaltung eines Danach einzurichten. Keine Institution bleibt nach dem Austritt und Eintritt von Menschen dieselbe. Sie wandelt sich, verändert sich – denn es sind die Menschen, die auf der Schwelle des Liminoiden Neues schaffen. So auch im ›Übergang‹ in die Kita.

Die Gestaltung des Übergangs des kleinen Menschen lässt sich somit als Fremdheitserfahrung fassen, mit Folgen für Bewältigungsoptionen im weiteren Leben und als zentrales Thema für den gelingenden Eintritt des kleinen Menschen in die Gesellschaftswelt der institutionellen Strukturierung von Erfahrungsoptionen. Im Unterschied zu anderen Begegnungen mit Erwachsenen, die im Leben des Kleinstkindes eine Rolle spielen, sind es in der Kita die ersten institutionellen Regelgefüge, sozialen Räume und Machtkonstellationen, die unabhängig von dem familialen Setting die Erfahrungswelt des kleinen Menschen beeinflussen. Der Übergang in diese Welt wird durch die ›Eingewöhnung‹ in die Kita vollzogen und ist eines der zentralen Themen innerhalb der pädagogischen Debatte zur Kleinstkindbetreuung in Tageseinrichtungen. Dabei steht die ›erste Fremde‹ für diese institutionellen Konstellationen. Die Fremdheitserfahrung oszilliert in ›der Fremde‹ als Raumerfahrung und in der Begegnung mit Erwachsenen, deren Beziehungsaufnahme zum Kind als professionelle Beziehungsaufnahme erfolgt.

Die filmische und beobachtende Begleitung von zwei kleinen Menschen in die Kita, zum einen bei einem Kind von zwölf Monaten, das zum ersten Mal mit seiner Mutter die Kita betritt und zum anderen mit einem Kind, das bereits seit einem Jahr die Kita als gewohnte neue Lebenswelt kennt, zeigen die Vielfältigkeit, die Möglichkeiten und professionellen Umgangsformen mit dem Eintritt von Kleinstkindern in die institutionelle Lebenswelt Kita. Diese Begegnungen des kleinen Menschen sind kontextualisiert durch die Haltungen und Erwartungen von Vätern und Müttern an die Kita und ihren Bindungen zum Kind. Diese wiederum sind geprägt durch ihre familialen und beruflichen Wünsche und Sehnsüchte, ihre Herkünfte und Beziehungskonstellationen, die mit der Bildung und Erziehung ihres Kindes in der Kita auch neue Freiheiten für die Eltern ermöglichen. Hier überschneiden sich verschiedene Kategorien und Dimensionen im Herstellungsprozess sozialer Wirklichkeiten für das kleine Kind, für Eltern und PädagogInnen, die als Verflechtungen bzw. Intersektionen von Geschlecht und Herkunft, Generationalität, institutionellen Regelgefügen und körperlich-psychischer Leiblichkeit theoretisch gefasst werden können. Die erste Fremde des institutionellen Raums Kita ist hier für alle Beteiligten eine Erfahrung von Fremdheitsbegegnung, die sich im Laufe der Zeit als neue integrierte institutionelle Lebenswelt des Kindes in den Entwicklungsweg von Kind und Eltern integriert. Dabei wird hier vorgeschlagen, die Kita als Kontaktzone zu verstehen, in der vielfältige Begegnungen zwischen unterschiedlichsten Menschen im Hinblick auf Alter, Geschlecht, Herkunft ermöglicht werden, die weder als Beziehungen oder gar Bindungen auf Dauer gestellt werden, sondern eben von vorn herein als endliche Raum-Zeit-Konstellationen von Begegnungen zu sehen sind.

Durch den Blick auf Institutionen zur Bildung und Erziehung von Kindern als *contact zones* kommen nicht nur die Kinder, sondern ganz zentral Eltern, PädagogInnen und Kinder mit ihren Interaktionen vor dem Hintergrund unterschiedlicher Herkünfte in den forschenden und erkundenden Blick. Im Unterschied zur Betrachtung von rituellen oder entwicklungsbedingten ›Übergängen‹ oder der pädagogischen Bewältigung von ›Bringsituationen‹ werden in diesem Forschungsvorhaben zur Konstitution von Raum und Macht die täglichen Begegnungen der Akteure fokussiert und analysiert.

MARIE LUISE PRATT versteht *contact zone* als einen sozialen Raum, in dem sich Kulturen treffen, aufeinanderstoßen und in denen asymmetrische Machtverhältnisse gestaltet werden. In dieser Perspektive wird die Kita nicht als Kinderspielwelt mit pädagogischem Auftrag verstanden, sondern sie wird auch als Institution, in der Erwachsene und gesellschaftliche Normen die Regeln bestimmen, fokussiert. Die Kita verstehe ich im Anschluss daran als kulturellen und sozialen Raum, in dem Wirklichkeitskonstruktionen stattfinden. Soziale Ordnung wird hier ebenso transportiert wie kulturelle Tradition. Dabei verstehe ich den Kulturbegriff als relational, fluide und in sich heterogen, fern von Container-Zuschreibungen und fixen Definitionen einzeln zu bestimmender Kulturen. Kultur ist vielmehr ein Konglomerat verschiedener Konstellationen, die je nach biografischem Verlauf und gruppalen Zugehörigkeiten individuelle und institutionelle Kulturprozesse herstellt.

In der Kita als Institution vermischen sich verschiedenste Elemente. Die Kita-Ordnung, ihre Regeln und wertgeleiteten Konzepte, die täglich neue Herstellung des Binnensystems Kita bildet einen alltäglichen Raum der immer neuen Kontaktaufnahme zwischen Müttern, Vätern, Pädagoginnen und manchmal Pädagogen, Kleinstkindern, Jungen und Mädchen verschiedenster Sprachen und sozio-kulturellen Gewohnheiten. Die Kita ist hier Ort der Begegnung, hier findet Begegnung statt bzw. m.E. zunächst Kontakt im Sinne PRATTS:

»I propose to say a few more words about this erstwhile unreadable text, in order to lay out some thoughts about writing and literacy in what I like to call the *contact zones*. I use this term to refer to social spaces where cultures meet, clash, and grapple with each other, often in contexts of highly asymmetrical relations of power, such as colonialism, slavery, or their aftermaths as they are lived out in many parts of the world today. Eventually I will use the term to reconsider the models of community that many of us rely on in teaching and theorizing and that are under challenge today.« (PRATT 1991: S.1)

Dieser Ansatz bietet eine neue Perspektive auf die Institution der Kita. In Kombination mit der Perspektive auf Intersektionalität (CRENSHEW 1993, YUVAL-DAVIS 2006, WALGENBACH u.a. 2007) wird eine Perspektive auf die Begegnungen im institutionellen Raum eröffnet, die nicht nur Kontaktmöglichkeiten von Individuen thematisiert. Hier geht es mit den Kontakten um das Zusammentreffen von historisch geprägten Macht- und asymmetrischen Beziehungen, die jede Gemeinschaft in neuem Licht erscheinen lassen – so auch die Gemeinschaft der Kita. Als Zwischenraum in der sich hierarchisierenden Welt von biografischen Werdegängen greift hier m.E. der Begriff der Fremdheitserfahrung. Ausgrenzung, Eingrenzung, Hierarchiebildung und Asymmetrien können als Erfahrung – im Sinne ganzheitlich-leib-seelischer Begegnung mit ›Welt‹ – und damit auch als Emotion gefasst werden. Im Unterschied zum Begriff des ›Anderen‹ werden im Kontakt mit ›der Fremde‹ Emotionen konnotiert, die Fremdheitserfahrung ist Teil der Passage in immer neu zu erschließende Wirklichkeiten. Diese Herangehensweise entspricht eher der hochemotional aufgeladenen Situation, wenn Eltern in Westdeutschland ihre Kleinstkinder in die Kita geben. Elterliche Ängste, pädagogische und entwicklungspsychologisch debattierte Vorbehalte um Bindungsqualität und deren Bedeutung für die Ablöseprozesse, einschließlich nach wie vor diskutierter Hospitalisierungsbefürchtungen bei früher Kitabetreuung, spielen hier immer noch eine Rolle. Diskurse um ›Rabenmütter‹ und die Gefahren so genannter ›Fremdbetreuung‹ bilden ein emotional aufgeladenes Feld sozialer Wirklichkeitskonstruktionen im Generationenverhältnis, das es nach wie vor für alle Beteiligten erschwert, institutionelle

Kleinstkindbetreuung guten Gewissens zu etablieren und zu nutzen. Mit der Fokussierung der Kita als ›erster Fremde‹ im Sinne des ersten Institutionskontaktes mit all seinen Dimensionen wird die Fremdheitserfahrung von Eltern und Kindern im Kontaktfeld Kita zum Ausgangspunkt der hier gewählten Perspektive. In der Kontaktaufnahme, ihrer Ratifizierung oder auch Ablehnung, gestalten sich Zusammensein und Getrenntsein innerhalb des sozio-kulturellen Raums der Kita. Möglichkeitshorizonte können eröffnet, neue Felder in der Kontaktzone Kita erschlossen werden. Fremdheitserfahrung kann – so die These – als kognitiv-emotionaler Prozess zur gelingenden Alltagsbewältigung der Eltern und Kinder beitragen. Die Bewältigung des ›Fremdelns‹ des Kleinstkindes in der ersten Fremde kann auch dazu führen, dass Meilensteine für die Entwicklung des Kindes passiert werden.

In dieser Perspektive auf Kitas werden folglich hier nicht die pädagogischen Ansätze der Frühpädagogik in das Zentrum gerückt – weder zugrunde liegende pädagogischen Theorien, wie z.B. der dominierende Situations- oder Situationsorientierte Ansatz in Tageseinrichtungen, die *Montessori*-Pädagogik oder *Reggio* orientierte Arbeit, Ansätze in Bezugnahme auf FREINET, KORZAC, PIKLER etc., noch die verschiedenen anderen Konzepte zur Gestaltung von Kita-Abläufen (Offene Arbeit, Elternarbeit, Familienorientierte Kita bzw. Familienzentrum etc.).

Die unter Gleichstellungsgesichtspunkten diskutierte Einführung von Tagesplätzen für Kleinstkinder als Notwendigkeit (GIEBELER 2005) ist hier in sofern von Bedeutung, dass sie den Diskurs um den Ausbau der Kitaplätze für Unter-Dreijährige maßgeblich vorangetrieben hat. Der *Gender*-Diskurs spielt bei dem Thema unter dem Gesichtspunkt der geschlechtlichen Arbeitsteilung, dem Diskurs zur Mutter- und Vaterschaft und der ›Fremdbetreuung‹ eine Rolle. Auf der Ebene der im *Gender*-Diskurs entwickelten Perspektive auf die Intersektionen von ethnischer und sozialer Herkunft und Geschlecht bildet dieser Diskursstrang ein zentrales Element.

Fokus dieses Ansatzes sind also nicht pädagogische Praxen und die sie umrankenden bildungspolitischen Diskurse. Fokus ist der institutionelle Raum und die in und mit ihm hergestellte Erfahrung von Fremdheit und Vertrautheit. Dieser Raum wird verstanden als Konstituens von Kontakt, von Begegnung und Fremdheitserfahrung auf verschiedenen Ebenen der Herstellung sozialer Wirklichkeiten, die geschlechtlich, herkunftsbezogen und intergenerational gestaltet sind.

Die Untersuchung, die mit den Mitteln künstlerisch-filmischer Wirklichkeitsinterpretation und rekonstruktiver Fallanalyse (KRAIMER 2000, SCHÜTZE 2000, GIEBELER u.a. 2007) erfolgt, konzentriert sich auf die Kita als Kontaktzone, in der – so die Annahme – die so genannte Eingewöhnung, also die ersten Begegnungen und Kontaktaufnahmen zwischen Kleinstkind und institutionellem Raum, zwischen Vätern, Müttern und PädagogInnen, zwischen Wünschen und Sehnsüchten der Eltern und den gelingenden oder nicht gelingenden Fremdheitsbewältigungen der Kleinstkinder, die zentrale Rolle spielt. Die Eingewöhnung – so der pädagogische Begriff für die Aufnahme von Kontakt und dem institutionellen Bemühen Vertrautheit herzustellen – wird hier aus der Sicht der Eltern und ihrer Emotionen im Umgang mit der Eingliederung ihres Kleinstkindes in die Welt der gesellschaftlichen Bildungsinstitutionen aufgezeichnet und verdichtet.

Der theoretische Ansatz steht damit im Zentrum der aktuellen Neufokussierung sozialer Verhältnisse als raum- zeitbezogene Heterogenisierung von Lebenswelten. Kontaktaufnahmen und Begegnungen sind hier eingebettet in Konstruktionen von Geschlechtlichkeit, Intergenerationalität und Kindheit. Sie schließen damit an den ›spacial turn‹ in den Sozialwissenschaften, an die von der *Gender*-Debatte ausgehende Intersektionalitätstheorie und ethnische Identitäts- und Fremdheitskonstruktionen an.

Die Kontaktzone Kita ist durch Kleinstkinder, Eltern und andere Erwachsene sowie PädagogInnen sozial gestaltet. Fremdheit, Vertrautheit und Ritualisierung von Alltagspraxen ›geschehen‹, verlaufen in einem komplexen Zusammenspiel von Regeln und deren Ausnahmen, von Annäherungen an Wünsche und Bedürfnisse, von sozialen Hintergründen und individuellen Umgangsweisen im soziokulturellen Raum der Kita. Kulturelle Familienpraxen – sei es beim Wickeln, Essen, Schlafen etc. werden im Kontakt neu gestaltet, übernommen, angepasst. Im Zentrum steht dabei der kleine Mensch und seine Äußerungen zu dem was hier passiert: er akzeptiert den Kita-Raum, den Bezugspädagogen, die Art des Essens, den Wickeltisch, die Kindergruppe und die Einzelnen, oder aber er unterwirft sich, passt sich an, vermisst die familialen Bezüge, die Mutter, den Vater, die Großmutter und das Geschwisterkind? Wir wissen es nicht und können lediglich über Theorien und Vermutungen zu dem, wie und ob das Kind sich wohl fühlt, Diagnosen zur gelingenden Eingewöhnung liefern – denn: der kleine Mensch ist ›uns‹ so fremd wie die Fremde.

3. ELTERNSCHAFT UND GESCHLECHT, BINDUNG UND EINGEWÖHNUNG

Wissenschaftliche Analysen zur Übergangsgestaltung bzw. Eingewöhnung sind überwiegend aus entwicklungspsychologischer Sicht und innerhalb derselben aus der Bindungstheorie entstanden. Auf die in diesem Kontext entstandenen Untersuchungen wird in allen Überlegungen zur Gestaltungen des Übergangs hingewiesen. Es handelt es sich hierbei um den dominanten Diskurs.

Damit wird suggeriert, dass die Übergangsgestaltung sich prioritär auf die Bewältigung der Ablösung des Kindes aus der dyadischen Beziehung konzentrieren müsse. Andere Bedingungen wie die Lebenswelt der Eltern, die Kindergruppe und zeit-räumliche Strukturierungen des Kitaalltags werden im wissenschaftlichen interdisziplinären Blick auf das Thema diskursiv marginalisiert.

So stellen WINNER / ERNDT-DOLL fest, dass sich in der pädagogischen Praxis unterschiedliche Modelle und Konzepte zur Eingewöhnung finden, die von verschiedenen psychologischen und entwicklungspsychologischen Theorien und Modellen wie zum Beispiel der Psychoanalyse, der Bindungstheorie oder Familienpsychologie beeinflusst seien (WINNER / ERNDT-DOLL 2009: S.13). Dass die Bindungen eines Kleinstkindes für eine Übergangsgestaltung von Bedeutung sind, wird in jeder Eingewöhnung deutlich. Allerdings fokussieren WINNER/ ERNDT-DOLL in ihrem *Münchner Eingewöhnungsmodell* ›nicht nur auf die Erzieherin-Kind-Beziehung‹, sondern beziehen auch andere Akteure wie Eltern und die Kindergruppe mit ein (S.14). Auch VIERNICKEL / VÖLKEL stellen in ihrem Band mit dem Titel *Bindung und Eingewöhnung von Kleinkindern* fest, dass es Situationen gebe, in denen die Einrichtung die Eltern in »wirklichen Notfällen« nicht allein lassen sollte (vgl. VIERNICKEL / VÖLKEL 2009: S.105).

Eltern spielen also eine Rolle für die Eingewöhnung, nur: Als wissenschaftlicher Forschungsstrang spielen Familienforschung, wissenschaftliche Erkenntnisse zur Diversität von Familienformen wie Patchwork- oder Regenbogenfamilien, ökonomische Bedingungen, einschließlich Zeitmanagement und Lebensführung in der Übergangsthematik keine Rolle.

Die Untersuchungsrichtung ist klar: es geht um Ablöseprozesse, die auf die dyadische Bindung Kind-Mutter fokussiert, eine Orientierung, die m. A. n. zu einseitig ist.

Elternschaft

Wenn sich das *Pairing* zur *Triade* erweitert, tritt neben das Glück, das mit der Geburt eines kleinen Menschen verbunden ist, auch die Ernüchterung: Durchwachte Nächte, Verlust von Beziehungen zu Menschen ohne Kinder, Kosten für Kinderzimmer, Babyausstattung, Windeln und Nahrung und die Konfrontation mit der »strukturellen Rücksichtslosigkeit der gesellschaftlichen Verhältnisse gegenüber Familien«. Wie der fünfte Familienbericht (*BMFSFJ* 1994) feststellte, sind es diese Erfahrungen, die das Glück der beginnenden Vater- und Mutterschaft auf die Probe stellen. ›Strukturelle Rücksichtslosigkeit‹ steht für Lebensverhältnisse von Vätern und Müttern, von Jungen und Mädchen, deren phänotypische Merkmalskonstruktion – wie ihr Geschlecht – über Einkommen und Wertschätzung bestimmen. »Die hohe Wertigkeit der Erwerbstätigkeit diskriminiert andere Arten gesellschaftlicher Arbeit, begründet Disparitäten, lässt Asymmetrien zwischen Rechten und Pflichten entstehen (vgl. VI.5), aus denen Unrecht vor allem gegenüber den Müttern der Gesellschaft erwächst.« (*BMFSFJ* 1994: S.151). Zehn Jahre später werden neben der geschlechtlichen Arbeitsteilung Ungleichverhältnisse in der Lebensökonomie zwischen Eltern und Nicht-Eltern errechnet. In der Expertise *Lebensökonomie als (mögliches) Leitbild einer nachhaltigen Familienpolitik* (*BMFSFJ* 2005) berechnen PFEIFFER und BRAUN die Minimalkosten, die für Kinder aufgebracht werden, auf insgesamt 180 Milliarden Euro. Demgegenüber stehen 50 Milliarden Familienförderung. Die Konsumpotentiale von Nichteltern und Eltern unterscheiden sich im lebensökonomischen Vergleich somit erheblich, wobei die Unterbrechung der Erwerbstätigkeit eines Partners – also in der Regel der Mutter – eine wesentliche Rolle spielt. Aber auch die direkten Kinderkosten führen zu Einkommenseinbußen. »Familienpolitik muss stärker Gleichstellungspolitik zwischen Eltern und Kinderlosen werden.«, so das Fazit der Autoren (*BMFSFJ* 2005: S.6). Wichtig zu vermerken wäre, dass diese Zahlen für alle sozialen Schichten gelten – im besonderen Maße für einkommensstarke Haushalte. »Im Ergebnis tragen die einkommensstärkeren Familien ihre Kinderkosten zu 100% allein. Rechnet man die Mehrwertsteuerzahlungen für die Konsumausgaben der Kinder ein, dann ist die Kinderbilanz gegenüber dem Staat nicht nur Null, sondern negativ«. (*BMFSFJ* 2005: S.31).

Alle Untersuchungen spiegeln die gleichen sozialen Wirklichkeiten: Die Ungleichbehandlung von Eltern im Vergleich zu Nicht-Eltern und innerhalb der Elternschaft die Ungleichbehandlung von Müttern im Vergleich zu Vätern.

Unter diesen Bedingungen ist es für Eltern eine Herausforderung, die eigenen Bedürfnisse in Einklang zu bringen mit den ›Normalitäten‹ der elternlosen Alltagsgestaltung, sei es die Party, der Sport, Fernsehen, das Abendessen mit Freunden, die Arbeitszeitgestaltung, der Urlaub, die Teilhabe an öffentlichen Veranstaltungen.

Das, was Eltern dann zunächst nicht mehr wahrnehmen können, all diese Aktivitäten der Freizeitgestaltung, basieren auf einer Entwicklung der Trennung von Lebenswelten: Die historisch längst vollzogene ›Privatisierung von Kindheit‹, d.h. ihre strukturelle Abwesenheit aus der Öffentlichkeit oder wie ZINNECKER es genannt hat, ihre »Verhäuslichung« (ZINNECKER 1990). Kinder sind an ›Erwachsenenorten‹ nicht vorgesehen – sie stören, mischen sich in Gespräche ein, fordern ›auch‹ Aufmerksamkeit, wenn Erwachsene sich unterhalten. Kleinstkinder am Arbeitsplatz, Kleinstkinder in der Hochschule, in der Ausbildung sind nicht erwünscht. Sie verlangsamen Abläufe von Berufsorganisation und stören die Routine.

Die Lösung war und ist: Für Kinder werden ›eigene Orte‹ geschaffen, sie werden fern vom Erwachsenenleben in einer eigenen Kinderwelt zu dem erzogen, was als erstrebenswerte Persönlichkeit der jeweiligen Gesellschaft gilt. Kinder sind damit wegorganisiert – und ihre Abwesenheit aus dem tagtäglichen Leben der meisten Menschen provoziert Reaktionen wie Kitas in Wohngebieten als Auslöser unerwünschter Lärmpegel verbieten zu wollen. Diese Trennung von Lebenswelten lässt sich auch als Konstruktion von Fremdheit verstehen, in getrennten Lebensführungen, in auseinanderdriftenden Milieus. In all diesen Lebenswelten spielen bestimmte Differenzierungskategorien eine Rolle, vor allem die Kategorisierung nach Geschlecht, die in der institutionellen Lebenswelt Kita auf allen Ebenen von Bedeutung ist: auf MitarbeiterInnenebene, Elternebene und in der praktischen Arbeit mit den Kindern.

Gender

Der englische Begriff *gender* zielt – in Abgrenzung zu *sex* – eindeutiger als das deutsche Wort Geschlecht auf die sozialen Konstruktionsprozesse. Der Begriff ist mittlerweile eingedeutscht und bedeutet in Kombination mit der Politik des *Gender Mainstreaming,* dass die Geschlechts- bzw. Frauendebatte als selbstverständlicher Teil jeder Politik mitgedacht werden soll. Auf der Weltfrauenkonferenz in Peking 1995 verpflichteten sich die Mitgliedsstaaten dazu, Konzepte zur Implementierung von *Gender Mainstreaming* zu entwickeln. 1996 beschließt die Europäische Kommission die Umsetzung. Mit der Ratifizierung des *Amsterdamer Vertrages* 1997 wird *Gender Mainstreaming* verbindlich für die Politik der EU-Staaten. In Deutschland tritt er 1999 in Kraft. Seither setzen die Länder und alle Institutionen *Gender-Mainstreaming*-Politik um. Auch in den Feldern der Pädagogik der Kindheit wird der Diskurs zur Kenntnis genommen und in einigen Modellprojekten umgesetzt. Als Ziel des *Gender Mainstreaming* wird formuliert, dass es keine geschlechtsneutralen sozialen Verhältnisse gebe und es darum gehe, be- und entstehende Ungleichheitsverhältnisse, die durch die Zugehörigkeit zu einem Geschlecht entstehen, zu verändern.

Gerade für alle Kontexte von auf Kinder gerichteten Bildungs- und Erziehungsprozessen spielt *Gender* damit eine Rolle. *Gender-Mainstreaming*-Ansätze sind bezogen auf Schulen, auf Kindertageseinrichtungen und andere Institutionen der Kinderhilfe entwickelt worden, für die pädagogische Arbeit mit kleinen Menschen wird jedoch gerade der Herstellungsprozess von Geschlecht immer wieder mit dem Blick auf die Reproduktion der existierenden *konstruierten Zweigeschlechtlichkeit* in den Blick genommen (vgl. RABE-KLEBERG 2003, DRÄGER 2008). Es bleibt ein Dilemma: Einerseits hat die Debatte längst zu einer Dekonstruktion des Begriffs ›Geschlecht‹ geführt, andererseits arbeiten alle Statistiken und Ansätze mit der Einteilung der Menschen dieser Welt in ›Frauen‹ und ›Männer‹ (vgl. BARZ / GIEBELER 2011). Wird die unterstellte ›Konstruktion‹ von Zweigeschlechtlichkeit als *Doing Gender* (WETTERER 1992) ernst genommen, müssten Konzepte entwickelt werden, die konsequent diese Zweigeschlechtlichkeit in ihrem Herstellungsprozess beobachten und dem etwas Neues hinzufügen, nämlich ein *Undoing Gender*, wie HIRSCHAUER (1994) es vorgeschlagen hat. Diese Dekonstruktion des *Doing Gender* kann z.B. durch die Analysen von Fallszenen in der pädagogischen Arbeit im Feld der frühen Kindheit (vgl. GIEBELER 2009) und durch ihre Aufarbeitung für zukünftige Interventionen geschehen. Konsequenz ist ein Verständnis von Geschlecht als *Doing-Gender*-Kontinuum und eine *Geschlechter-De-Konstruktion,* die eingebunden ist in die sozialwissenschaftliche Kontextualisierung von Kindheit. Der Begriff Kindheit impliziert, dass die Beziehungen von Kindern zu Eltern und Professionellen nicht nur in ihren individuellen Bezügen thematisiert werden, sondern ihre Handlungen in diesem Feld im Kontext der Strukturierung sozialer Wirklichkeiten verortet werden.

Die biologische Geschlechtlichkeit ist im interkulturellen, im hormonellen und intersexuellen Vergleich nicht eindeutig festlegbar. So stellt RÖSING (1995, 2001) im andinen Raum zehn Geschlechter fest, sie verweist auf die nordamerikanische Tradition des *Berdachen,* d.h. die Wandlung des ›Jungen‹ zum ›Mädchen‹ durch Übernahme der sozialen Aufgaben ohne Koppelung an Homosexualität. In JUCHITÁN haben wir vor zwanzig Jahren die *Muxe* als drittes Geschlecht bezeichnet (BENNHOLDT-THOMSEN 1994, GIEBELER 2002). Auch die Transsexualität, wie GARFINKEL sie bereits mit seinem Agnes-Beispiel analysiert hat (GARFINKEL 1967), verweist auf die Relativität von biologischen Argumentationen, die erst durch die Tabubrechung der Intersexualität neu thematisiert werden. Dazu kommen noch die Variationen hormoneller und medizinisch-biologischer

Varianz, die Zweigeschlechtlichkeit als normativ gesellschaftliche Konstruktion erscheinen lässt. Diese Normativität findet sich auch im dominanten Diskurs zum Übergang Familie – Kita. Statt die *geschlechtliche Arbeitsteilung* in den Fokus zu nehmen, dient diese als Hintergrundkonstruktion für die Natürlichkeitsvermutung der Mutter-Kind-Bindung.

Bindung

Die Bindungstheorie ist eine zentral rezipierte Säule der frühkindlichen pädagogischen Ansätze. Dabei wird Bindung im Anschluss an BOWLBY als innerer Prozess von Vertrauensbildung zu einer bzw. in der neueren Literatur auch zu mehreren Bindungspersonen bezeichnet. BOWLBYS hat in seinen Studien die ›Mutterentbehrung‹ (BOWLBY 2005/1953: S.11) als Ursache deprivierter Kindheiten und langwieriger Folgen für die ›seelische Gesundheit‹ der erwachsen werdenden Menschen beobachtet. Seine Studien in Heimen haben unter anderem dazu beigetragen, dass immer wieder eine frühkindliche Betreuung abgelehnt wurde und die Folgen der frühen ›Mutterentbehrung‹ zu einer Fülle von weiteren Studien geführt haben. Vor allem AINSWORTH hat mit ihrem ›Fremde-Situations-Test‹ zur Bindungsqualität mittlerweile auch Eingang in die Kitas gefunden – m.E. ein höchst problematisches Vorgehen, wenn ErzieherInnen auf der Basis von Beobachtungen der Mutter-Kind-Interaktion die ›Bindungsqualität‹ der Eltern bewerten. *Attachment,* die Bindung des Kindes an die Bezugsperson und *Bonding,* die Bindung der Bezugsperson an das Kind – automatisch im *geteilten gesellschaftlichen Wissen* assoziiert als Mutter – führen in einer sicheren Bindung zu freiem Explorationsverhalten des Kindes, in den drei Formen unsicherer Bindung dagegen zu verschiedenen ungünstigen Abweichungen. Bei der Bezugsperson bzw. Mutter zeige sich die sichere Bindung in der Fürsorglichkeit, bzw. wie HÉDERVÁRI und PAPOUSEK (1985 und 1999) sagen würden, in der ›feinfühligen Beziehung‹ zum Kind. Die Mütter unsicher gebundener Kinder würden diese Feinfühligkeit nicht entwickeln können (HÉDERVÁRI 1995).

Nach wie vor befassen sich bindungstheoretisch motivierte Studien mit der Belastung und den Stressfaktoren, die auf kleine Kinder wirken, wenn sie in die Kita kommen – sie liefern unterschiedliche Ergebnisse.

In der Regel wird diese Thematik mit der Bindungstheorie in Anschluss an BOWLBY und AINSWORTH bearbeitet. RAUH und ZIEGENHAIN stellen 1996 fest, dass es seit vielen Jahren eine heftige sozialpolitische Diskussion um die möglichen Spätwirkungen außerfamilialer Tagesbetreuung von Kleinkindern, speziell des Krippenbesuchs, gäbe (RAUH / ZIEGENHAIN 1996: S.97), und dass man sich nun seit den 80er Jahren wiederum der Frage von Stress und Belastungsregulation des Kindes widmen würde. Sie selbst befassen sich ebenfalls mit dieser Frage zum ›Anpassungsverhalten von Säuglingen und Kleinkindern an neue Situationen‹ und kommen zu dem Ergebnis: »dann scheint Krippenerfahrung für sich genommen die emotionale Beziehung der Kleinstkinder zu ihren Müttern nicht wesentlich zu beeinflussen.« (RAUH / ZIEGENHAIN 1996: S.94). Gleichzeitig erläutern sie, dass Kinder unter einem Jahr »sehr eingeschränkte Erwartungen an die Bindungsperson haben« und folglich auch negative und abrupte Trennungen nicht auf ihre Bindungsperson beziehen – anders bei älteren Kindern, die dazu neigen »dies ihren Müttern anzulasten.«

Besonders hervorzuheben sind hier die Arbeiten von LISELOTTE AHNERT, die sich differenziert auch mit der Mutterbindung auseinandersetzt (AHNERT 2006, 2008 und 2010). In ihren Arbeiten wird die Bindung zur ersten Bezugsperson als wesentlich thematisiert, aber – und das ist in Zeiten gesellschaftlicher Umbrüche wesentlich – der forschende Fokus wird auch auf die Fähigkeiten des Kleinstkinds von Geburt an verschiedene Bindungspersonen anzunehmen, ausgerichtet. Damit wird der forschende Blick auch aus entwicklungspsychologischer Sicht auf weitere Konstitutionsbedingungen von Übergängen gerichtet. Aus sozial- und erziehungswissenschaftlicher Sicht ist m. E. die auf die dyadischen Beziehungen ausgerichtete Forschung für die Praxis der Übergangsgestaltung in die Kita für kleine Kinder hinderlich. Der sezierende Blick auf sicher oder unsicher gebundene Mütter verführt ErzieherInnen zu Bewertungen von Eltern, die das zukünftige Verhältnis belasten können.

Es gibt kein Eingewöhnungsmodell oder Konzept, das nicht auf bindungstheoretische Fragestellungen eingehen würde. Daran anschließend sollte auch die Frage gestellt werden, wie der kleine Mensch die ›erste

Fremde‹ als Institution erlebt und gestaltet, und in welchem Maß welche Menschen, Umgebungen, Netzwerke, Objekte und Rituale für diese Übergangsgestaltung bedeutsam sind. Für die Handlungsvollzüge in der Kita spielen diese Fragen die wesentliche Rolle. Das, was das Kind und die Eltern erleben, ist eine innere und äußere Bewältigungssituation, deren Komplexität durch den dominanten Blick auf die Dyade unzulässig reduziert wird. Die Bedeutung der Kindergruppe, die Bedeutung des alltäglichen, im Hier und Jetzt stattfindenden Interaktionsgeschehen und vor allem auch die Möglichkeit, dass Bindungen gleich welcher Art im Verlauf *biografischer Erfahrungsaufschichtungen* durch weitere Erfahrungen verändert und neu gestaltet werden können, geraten zur Nebensache. Außerdem steht zu befürchten, dass der sezierende Blick auf Eltern und ihr Bindungsschema die Beziehungsgestaltung zwischen den erwachsenen Professionellen und den Eltern beeinträchtigen kann. Allerdings hat es bereits in den 70er und 80er Jahren Studien zur sozialen Kompetenz von ein- bis zweijährigen Kindern (WÜSTENBERG 1992) gegeben, die auf die sozialen Gruppeninteraktionen zwischen den Kindern und auf Bedingungen gelingender Übergangssituationen hinweisen und die Einbeziehung des sozialen Raums nahelegen.

Aus der Perspektive sozialwissenschaftlicher Raumtheorie sind diese Übergangssituationen Bestandteil des sozialen Raums Kita – verstanden als Raum von Imaginationen, Erfahrungen, Beziehungen und Gegenständen, als Landschaft oder Karte von Erfahrungen, Begegnungen und Verständigung. Hier geschieht Handeln. Haltungen, Einstellungen, Erfahrungen und zeitliche Handlungsabläufe gestalten den Übergangsraum, an dem alle beteiligt sind und der alle Beteiligten berührt. *Spaces* sind keine Orte, es sind soziale Räume, in denen Bilder, phantasierte Zugehörigkeiten und antizipierte Realitäten ebenso realitätsmächtig sind wie die einzelnen Spielzeuge der Bauecke, das Klettergerüst oder die kleinen Waschbecken und der Sand draußen.

Auf der Handlungsebene der ErzieherInnen stellt sich die Frage, wie sie mit diesem sozialen Raum umgehen: Kann er gestaltet werden und wenn ja, wie? Die verschiedenen Eingewöhnungskonzepte versuchen hier Antworten zu geben und schlagen verschiedene Vorgehensweisen vor.

Eingewöhnung

Es liegen mittlerweile einige Studien zur Eingewöhnung von Kindern mit dem Blick auf deren Wohlergehen und ebenso ›Modelle‹ vor, die vorschlagen, wie die Eingewöhnung mit den Kinder organisiert werden sollte. Alle Modelle betonen die Wichtigkeit, dass Kinder langsam und in Begleitung der Eltern in die Eingewöhnungsphase eintreten sollten.

Einzeluntersuchungen zum Übergang in Kindertageseinrichtungen belegen relativ widerspruchsfrei, dass die Beziehung zwischen ErzieherIn und Eltern eine Rolle für die Situation des Kindes in der Krippe spiele. LAEWEN, ANDRES und HÉDERVÁRI formulieren die Ergebnisse einer der ersten Studien in diesem Feld, der *INFANS* Studie so, dass negative Haltungen der Erzieherinnen gegenüber den Eltern mit aggressiven Verhaltensweisen der Kinder und Krankheitssymptomen korrelieren würden (LAEWEN/ ANDRES/ HÉDERVÁRI 1993). Auch die Einstellung der Erzieherinnen zur Krippenbetreuung spiele eine Rolle: je negativer die Einstellung zur Krippenbetreuung sei, desto negativer auch die Urteile über Mütter, die ihre Kinder dort abgeben (GIEBELER 2002). Das könne dann zu schwierigen Erwachsenenbeziehungen führen. Untersuchungen zur Eingewöhnung haben darüber hinaus gezeigt, dass die sozialemotionale Entwicklung durch den Aufenthalt in Peer-Gruppen eher gefördert werde – allerdings offensichtlich abhängig von den Erfahrungen mit der Eingewöhnungszeit. Ein Ergebnis ist auch, dass über 1 ½-jährige Kinder negative Erfahrungen zum Zeitpunkt des Kitaeintritts der Mutter anzulasten scheinen und bei überfordernder Eingewöhnung zutiefst enttäuscht reagieren würden (RAUH / ZIEGENHAIN in TIETZE 1996).

Ein wichtiger Punkt sei auch, dass die Bedeutung des Erzieherinnenschlüssels nicht vernachlässigt werden dürfe. Allgemein wird hervorgehoben, dass ein Schlüssel von 1:3 bis 1:5 bei Kindern unter drei Jahren nicht überschritten werden solle. Die EU-Empfehlung lautet 0 bis 24 Monate 1:3, 24 bis 36 Monate; 1:3 bis 5, 36 bis 48 Monat; 1:5 bis 8, 48 bis 60 Monate; 1:6 bis 8. Auch der Wechsel von Bezugspersonen sei in der Kita für Kleinstkinder schwierig. Dies sei z.B. eines der größten Probleme bei der Familientagesbetreuung. Dieses Betreuungsmodell, das mit dem

Tagesbetreuungsausbaugesetz *(TAG)* eine neue Bedeutung erhalten hat, wurde bereits in den 70er Jahren unter diesem Gesichtspunkt als prekär eingestuft. Konzepte, in denen vorhersehbar ist, dass die Betreuungspersonen kurzfristig den ›Job‹ wechseln, seien daher abzulehnen (RAUH in SCHULZ / RUELCKER / RHEINLÄNDER 1975). Festgehalten werden könne jedoch bezogen auf die kindliche Entwicklung in stabilen Tagesfamilienbetreuungen, dass die sprachlich-kognitive Entwicklung bei Kindern auch durch die Tagespflege positiv beeinflusst und die sozial-emotionale Entwicklung bei hoher Qualität der Tagespflege gefördert werde (WEISS u.a. 2004).

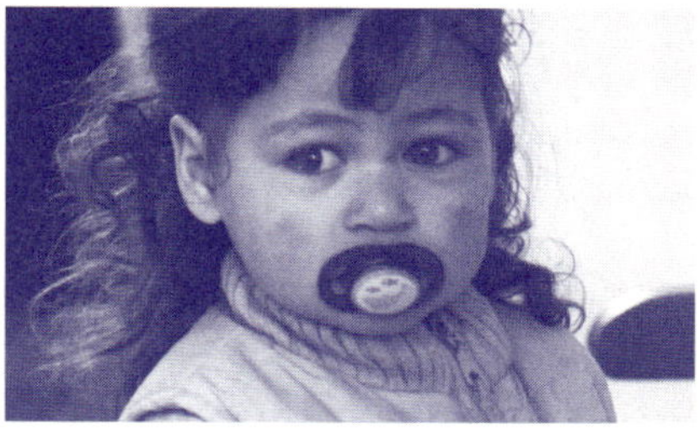

Aus der Untersuchung von WIEBKE WÜSTENBERG (1992) in Krabbelgruppen geht hervor, dass Kinder unter einem Jahr längere Eingewöhnungszeiten brauchen als Kinder über einem Jahr, dass allerdings die Babys, die bereits vorher Erfahrungen mit anderen Betreuungen hatten (Großmutter und Tagesmutter), kurze Eingewöhnungszeiten benötigten (Eingewöhnungszeit = Eintrittsalter bis Aufenthalt über die gesamte Öffnungszeit). Weiterhin stellt sie fest, dass Kinder mit sehr langen Eingewöhnungszeiten sehr enge Mutterbindungen gehabt hätten. (WÜSTENBERG 1992: S.208) Unter Einbeziehung der Untersuchungen zur Kleinstkindgruppe wird deutlich, dass es für das Wohlbefinden der Kinder auf die Raumgestaltung und Bewegungsfreiheit ankommt, dass soziale Beziehungen für sie im frühesten Säuglingsalter möglich sind, sie selbstständig Gruppenarrangements initiieren und prosoziales Verhalten zeigen.

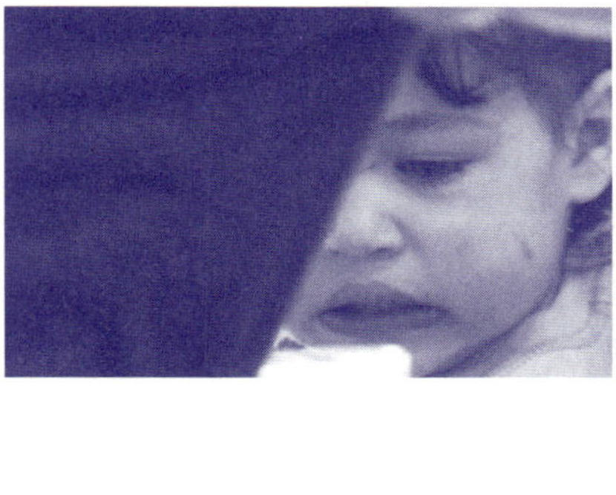

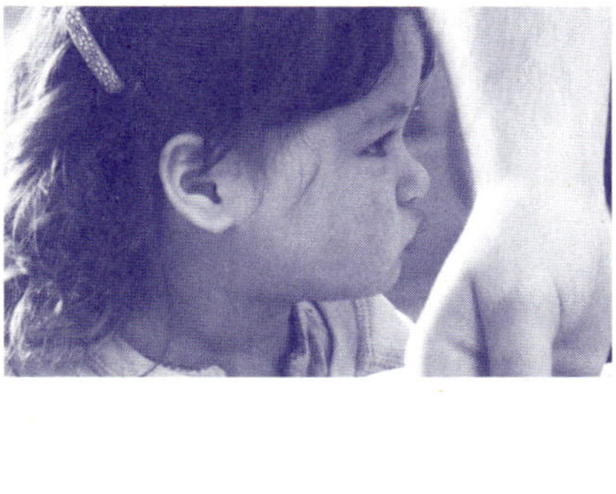

Seit Mitte der 90er Jahre liegen verschiedene ›Konzepte und Modelle‹ zur Gestaltung des Übergangs vor. (BELLER 2002, FEIN in TIETZE 1996, LAEWEN / ANDRES / HÉDERVÁRI 1994). Man kann unterscheiden zwischen dem *Berliner Modell* nach LAEWEN / ANDRES / HÉDERVÁRI zum einen und dem *Münchner Modell* nach WINNER / ERNDT-DOLL (2009) zum anderen. Auch die ersten Übersetzungen von pädagogischen Handreichungen aus dem englischsprachigen Raum wie *born to three matters* von CATHERINE ASHTON (2002), adaptiert von der *Bertelsmann-Stiftung* (IRSKENS / NIESEL / OBERHUEMER 2006), lassen sich als Bestandteil gelingender Modelle für die Eingewöhnung als Ergebnis langjähriger Forschung und ihrer praktischen Umsetzung für die Kleinstkindpädagogik lesen. Praktische Beispiele für gelingende Eingewöhnung als ›best practice‹ wurden im Kitapreis 2004 der *Bertelsmann-Stiftung* festgehalten und entlang von sieben Kriterien verliehen. In diesem Jahr haben sich über 400 Einrichtungen beworben und sich folglich mit dem zentralen Thema der Eingewöhnung intensiv auseinandergesetzt. (*Bertelsmann Stiftung* 2004). Seither liegen neue Eingewöhnungsmodelle schriftlich vor, die sich wie das oben genannte *Münchner Modell* stärker auf die Kindergruppe beziehen und dies nach LINGENAUBER (2004) mit Haltungen aus der *Reggio*-Pädagogik begründen: »Der erste Erzieher sind demnach die anderen Kinder, erst der zweite Erzieher sind die erwachsenen Pädagoginnen und Pädagogen und der dritte Erzieher sind die Räume.« (vgl. WINNER / ERNDT-DOLL 2009). Weitere schriftlich fixierte Eingewöhnungspraxen liegen in den mittlerweile von den meisten Einrichtungen in Angriff genommenen formulierten Konzepten der Kindertageseinrichtungen vor. Unter den ›Modellen‹ wird debattiert, welche Ansatzpunkte die Sinnvollsten seien. So kritisiert Beller, einer der ersten Kleinstkindforscher in Deutschland, programmatische Eingewöhnungskonzepte, die sich auf Imaginationen des ›hilflosen Kindes‹ beziehen, wie es z.B. das Konzept von LAEWEN vorsehe:

»Einem solchen programmatischen Ansatz (z.B. LAEWEN u.a., 1993) liegt ein Bild des Kindes zugrunde, das dieses als hilflos betrachtet. Mutter und Familie werden idealisiert, während außerfamiliäre Betreuung zumindest implizit als Risiko für eine ungestörte und gesunde Entwicklung des Kindes betrachtet wird. Im hier vorgestellten Ansatz geht es ganz wesentlich darum, alle an einer Eingewöhnung beteiligten Eltern und Erzieherinnen zu unterstützen: Sie sollten nicht noch weiter durch Instrumentalisierung für die Eingewöhnung des Kindes und Hinweise auf Risiken durch Fremdbetreuung für den Fall, dass sie Anweisungen nicht befolgen, belastet werden.« (BELLER 2002)

Er selbst schlägt einen anderen Weg vor, der die Kindergruppe in den Blick nimmt und die ausschließliche bindungstheoretische Dominanz der Debatte in Frage stellt. Er schlägt die Einbindung der Netzwerke vor – die der Eltern, der ErzieherInnen und vor allem die der Kinder und evaluiert dieses Modell der Eingewöhnung.

Aus der Sicht des *Münchner Modells* wird ebenfalls die Vorgehensweise, die gesamte Eingewöhnung an der gelungenen dyadischen Beziehung zur ErzieherIn festzumachen, kritisiert. Hier wird vor allem darauf hingewiesen, dass beobachtete Beziehungen nicht als Versprechen an Eltern formuliert werden sollten: Die Münchener Autoren zitieren BEATE ANDRES als Beteiligte am Berliner *Modell*: »›Die Beziehung zwischen Eingewöhnungserzieherin und Kind bleibt in der Kita häufig über viele Jahre eine besondere.‹ (ANDRES 2008: S.16). Mit solchen Aussagen werden Eltern Versprechen gemacht, die in der Realität nicht gehalten werden (können) und Erzieherinnen unter einen unnötigen emotionalen Druck gesetzt.« (WINNER / ERNDT-DOLL 2009: S.35). Sowohl WINNER / ERNDT-DOLL wie auch BELLER betonen die Vernetzung der verschiedenen Akteure innerhalb der Eingewöhnung. Der Schwerpunkt liegt nicht mehr nur auf der Gestaltung einer neuen Dyade ErzieherIn-Kind als Übergang von der (unterstellten) Dyade Mutter-Kind, sondern berücksichtigt die gesamten sozialen Bedingungen und Akteure innerhalb der fremden Institution Kita.

Hier entwickeln sich neue Horizonte, die die einseitige Perspektive auf die Mutter-Kind- und ErzieherInnen-Kind-Beziehung verlassen und die Institution als Ganze, die Netzwerke und vor allem die anderen Kinder in den Blick nehmen.

Mit einer ähnlichen Zielsetzung, nämlich alle beteiligten Akteure innerhalb der Institution Kita in den Blick zu nehmen, wurde vor zehn Jahren die Studie zur Kleinstkindpädagogik durchgeführt. Die zugrunde liegende Idee war die Erhebung der verschiedenen Perspektiven von ErzieherInnen, Eltern und Kindern auf den Alltag in der Kita, den häuslichen Alltag, die Rituale, Haltungen und Einstellungen, es wurden Geschichten aus den jeweiligen Perspektiven erzählt und über Erfahrungen berichtet. Die Ergebnisse eines Teils der Untersuchung – bezogen auf den Übergang in die Kita – werden im Folgenden dargestellt, bevor an einem Fallbeispiel die komplexen Anforderungen an eine Übergangssituation analysiert werden.

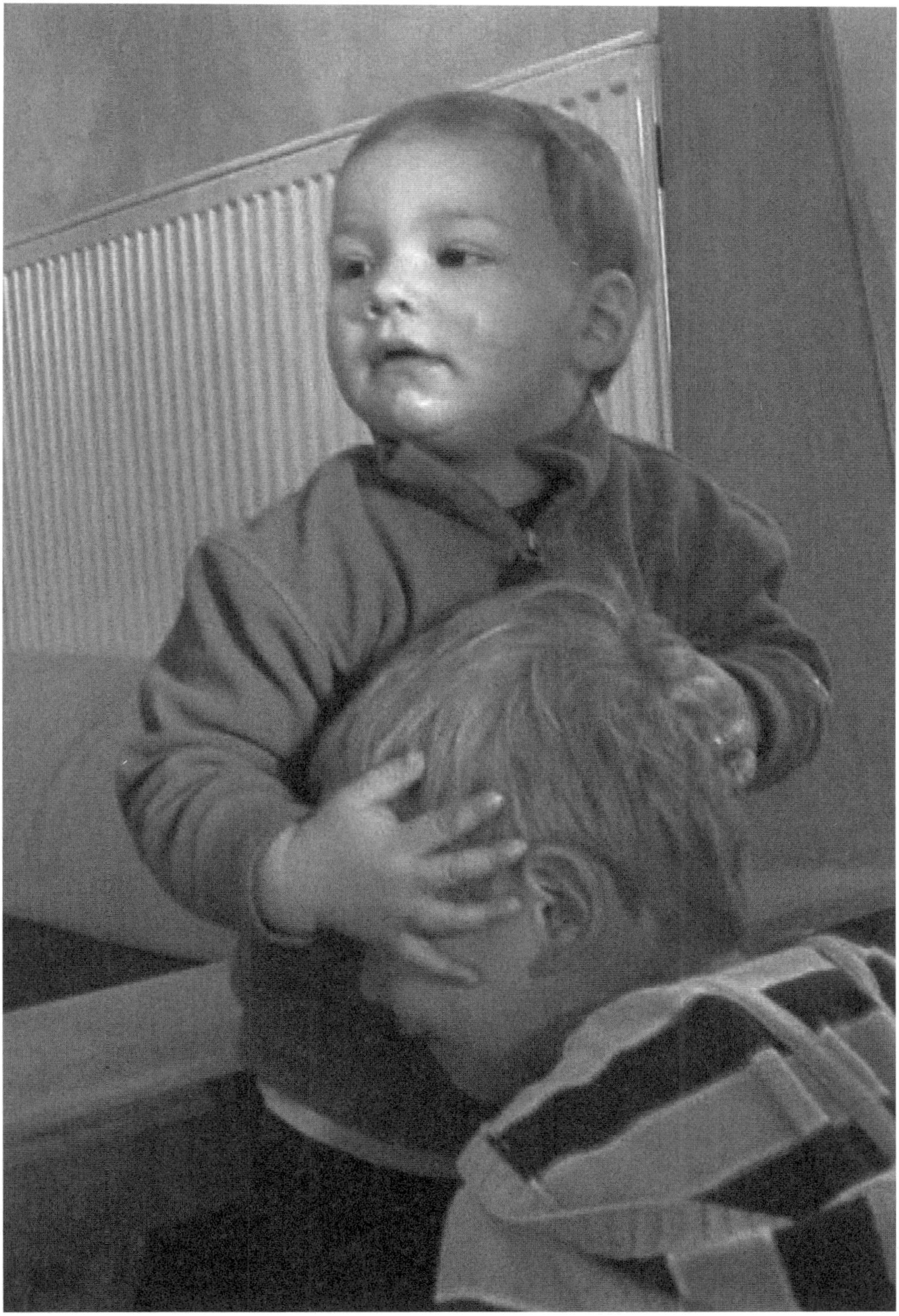

4. PERSPEKTIVEN VON ELTERN UND ERZIEHERINNEN AUF DIE ÜBERGANGSPRAXIS VON DER FAMILIE IN DIE KITA

Das Projekt *contact zone* und das Installationsprojekt *Die erste Fremde* im *Bielefelder Kunstverein* stehen im Kontext einer vom Land NRW und der *FH Bielefeld* finanzierten Langzeituntersuchung, in der eine erste Erhebung zu Eltern- und Erzieherinneneinstellungen sowie Feldforschungen in den damaligen *Kleinen Altersgemischten Gruppen* in Nordrhein-Westfalen stattgefunden hat. Zehn *Kleine Altersgemischte* Gruppen wurden durch einwöchige Feldforschungen untersucht, 26 Interviews mit Eltern (23 davon auswertbar) und 23 mit Erzieherinnen durchgeführt. Eine Langzeitfolgestudie war für 2008 bis 2010 vorgesehen, wurde jedoch wegen der Umstrukturierung der Bildungsgesetzgebung, d. h. des damals in NRW gültigen *GTK (Gesetz für Tageseinrichtungen für Kinder)* hin zu *KiBiz,* dem am 1. August 2008 eingeführten und gerade bezüglich der Auswirkungen auf die *U3*-Betreuung umstrittenen Kinderbildungsgesetzes, vertagt (Anhörungen im Landtag NRW von 2007). Ziel war neben neuen Refinanzierungsregeln der Ausbau der Betreuung von Unter-Dreijährigen. Mit dem *KiBiz* wurde gleichzeitig die NRW-spezifische Betreuungsform der *Kleinen Altersmischung* abgeschafft, die Gruppenform, in der Kinder von vier Monaten an bis zum Schuleintritt in NRW gemeinsam betreut wurden. Folglich stehen den 26.304 neu eingerichteten *U3*-Pätzen 0 gesicherte Plätze gegenüber (Bericht der Bundesregierung 2011, S. 54).

4.1. Die kleine Altersmischung

Das Konzept der Altersmischung ist nicht neu. In der Reformpädagogik der 20er Jahre des 20. Jahrhunderts wurde die Altersmischung von verschiedenen PädagogInnen als persönlichkeitsfördernde und gegenseitig unterstützende Lernform propagiert und ausprobiert. Zuvor – bereits im 19. Jahrhundert – hatte z.B. HENRIETTE SCHRADER-BREYMANN (1827–1899) einen ›familienähnlichen‹ Kindergarten mit altersgemischten kleinen Gruppen konzipiert.

In der Kindergartenpädagogik hat sich seit Mitte des 20. Jahrhunderts die Altersmischung in der Gruppe der 3- bis 6-jährigen Kinder durchgesetzt. Für die Kinder unter drei Jahren sehen die meisten Bundesländer die Krippe als Einrichtungsform vor. Die Auffassung einer notwendigen ganzheitlichen Förderung der 5-jährigen hat in Nordrhein-Westfalen (NRW) den Ausschlag gegeben, auch die Vorschulkinder in der altersgemischten Konstellation zu bilden und zu betreuen – eine Entscheidung, die in anderen Bundesländern anders getroffen wurde. Auch in anderen europäischen Ländern werden die Vorschulkinder zum Teil in eigenen Gruppen oder Einrichtungen auf die Schule vorbereitet.

Auch Modellschulen, wie z.B. die von HARTMUT VON HENTIG gegründete *Bielefelder Laborschule* für Kinder von 5 bis 16 Jahren, experimentieren von Beginn an mit der Altersmischung und der Aufnahme von Fünfjährigen in die Schule. Diese Konzeption wurde in den letzten Jahren verstärkt auch von den Grundschulen nachgefragt und ist in der Neuregelung – wenn auch in anderer Art und Weise – der offenen Eingangsschuljahre in der Grundschule aufgegriffen worden. Neuerlich werden auch Konzepte der Altersmischung in den Jahrgangsstufen sechs bis acht erprobt.

Die *Kleine Altersmischung,* wie sie konzeptionell von GISELA PETERSEN ausführlich dargestellt wurde (PETERSEN 1989), blickt auf einen Zeitraum von 1974 bis 2007 zurück. Mit der Einführung des Kinderbildungsgesetzes wurde diese Gruppenform abgeschafft. Die Begründung lautete zum einen, dass die Altersspanne von null bis sechs Jahren zu groß sei für die pädagogische Arbeit, zum anderen spiele aber auch der Kostenfaktor eine Rolle. Die Altersmischung hat als Gruppenform in NRW die längsten Erfahrungen mit der Betreuung von Unter-Dreijährigen gesammelt. Sie wurde 1974 in NRW eingeführt, während die anderen Bundesländer die Krippe als Betreuungsform bevorzugt haben und nur einige Bundesländer sich der Einführung von Altersmischungen angeschlossen haben. Interessant ist, dass dieses weitsichtig und vorausschauend entwickelte Konzept der *Kleinen Altersmischung NRW,* das – zum Zeitpunkt der Einführung des *KiBiz* – auf eine 33jährige Erfahrung mit der Betreuung von Unter-

Dreijährigen zurückblickt, sich nur wenig selbstbewusst in den Diskurs gemischt hat. So kam es vor, dass diese Gruppenform selbst bei Experten und Trägern missverstanden wurde. Scheinbar war noch vor zehn Jahren die Vorstellung, Säuglinge und einjährige Kinder in eine Kita zu geben, in den alten Bundesländern dermaßen abwegig, dass selbst Akteure im Feld die *Kleine Altersmischung* begrifflich für die altersgemischte Kindergartengruppe, also die Mischung von Drei- bis Sechsjährigen, nutzen (LIEGLE 2007). LIEGLE stellt fest: »Empirische Forschungsbefunde zu Formen der eAM (erweiterte Altersmischung, also über die Drei- bis Sechsjährigen hinaus, d. V.) haben Seltenheitswert.« Eine Erweiterung der Altersmischung müsse vor allem darauf achten, dass die auch von der *OECD* positiv gewertete Kita-Lernkultur nicht von dem prestigemächtigeren Schulsystem mit seinem auf systematisches Lernen ausgerichteten Bildungsbegriff adaptiert würde (vgl. dazu GIEBELER 2006).

Heute kombinieren jedoch etliche Einrichtungen auch weiterhin trotz *KiBiz* die Aufnahme von Säuglingen, die dann von Anbeginn in der gleichen Einrichtung und Gruppe bleiben können, bis sie in die Schule kommen. Die Anforderungen, die diese Gruppenform an das pädagogische Personal stellt, sind einerseits hoch, andererseits lassen sich viele Vorteile für die Kinder festmachen (vgl. GIEBELER 2003, 2004, 2007, GLESER 2003, STRÄTZ 1998). Allerdings liegen bis heute kaum Studien zur Altersmischung vom Säuglingsalter bis zum Schuleintritt vor und auch Altersmischungen für Kinder höheren Alters sind kaum erforscht.

In einer der Untersuchungen hat GLESER herausgefunden, dass alle Beteiligten in den *Kleinen Altersgemischten Gruppen* mit der Arbeit dort sehr zufrieden sind. Sowohl Eltern als auch ErzieherInnen betonen die positiven Entwicklungsmöglichkeiten der Kinder innerhalb des langjährigen Zeitraumes, den die Kinder in einer Gruppe verbringen können. Als prekär wird allerdings auch in dieser Studie vermerkt, dass die ErzieherInnen keine spezifische Ausbildung für die Arbeit in der Altersmischung erhalten. Hier bestand und besteht dringender Veränderungsbedarf (GLESER 2002). Auch STRÄTZ, der sich explizit auf die positive *Montessori*-Auffassung zur altersgemischten Pädagogik bezieht, stellt fest, dass insgesamt alle Bereiche der Entwicklungsmöglichkeiten von Kindern positiv verlaufen. Auch er vermerkt allerdings die hohen Anforderungen an das pädagogische Personal. »Die pädagogische Arbeit muss in altersgemischten Gruppen zwangsläufig anders als in Jahrgangsgruppen, nämlich differenziert und ›situationsbezogen‹ geplant werden, um den unterschiedlichen Bedürfnissen der Kinder gerecht werden zu können.« (STRÄTZ 1998: S.139). Eine Zusammenfassung der Vor- und Nachteile im Diskurs liegt bei GIEBELER (2003 und 2007) vor.

Auch wenn heute die Gruppenform nicht mehr durchgängig existiert, haben doch einzelne Einrichtungen das Konzept weitergeführt und nehmen auch weiterhin Babys ab vier Monaten auf – so z.B. die *Kita EffHa,* die als Forschungs- und Entwicklungskita der *Fachhochschule Bielefeld* die *Kleine Altersmischung* aufrechterhält und damit auch Eltern die Chance bietet, ihr Kind über einen langen Zeitraum in der gleichen Einrichtung betreuen zu lassen. Darüber hinaus bietet sie damit die Möglichkeit, dieses Konzept auch weiterhin forschend zu begleiten und auf vielfältigen Wegen die Entwicklungsbedingungen der Kinder über einen langen Zeitraum zu verfolgen. Durch den langen Zeitraum, in dem die Kinder in einer Einrichtung bleiben, kann die Kita damit zur alltäglichen Verortung des Kindes in einer ›institutionellen Lebenswelt‹ – wie ich sie bezeichnen würde – beitragen.

Einzelne Ergebnisse der Untersuchung mit Erzieherinnen und Eltern bilden den Hintergrund des für das Projekt *Die erste Fremde* gewählten Forschungsdesigns. Die Ergebnisse dienten als Forschungshintergrund für die filmisch-rekonstruktive Projektumsetzung der ›ersten Fremden‹ und werden im Folgenden bezogen auf das Thema des ›Übergangs‹ präsentiert.

4.2. Forschungsdesign der Studie ›Qualitätskriterien für Kleinstkindpädagogik in Kindertageseinrichtungen‹

Der 1997 erfolgte Forschungsantrag führte zur baldigen Aufnahme des ersten Teils einer langfristig angelegten empirischen Untersuchung zum Thema: ›Qualitätskriterien der Kleinstkindpädagogik in Tageseinrichtungen für Kinder‹. Es sollte hier ein Beitrag zu den gesellschaftlichinstitutionellen Bedingungen neuer Lebensformen mit Kindern geleistet werden, dessen erster Teil sich auf die Alltagspraxis und die Einstellung von Erzieherinnen zur Kleinstkindpädagogik bezieht. Die Feldforschung des 1997 angelegten Projektes orientiert sich an ethnomethodologischen Annahmen lebensweltorientierter Alltagspraxen und arbeitet mit aktiv teilnehmender Beobachtung, strukturierten und narrativen Leitfadeninterviews, Felderkundung, Expertengesprächen und der Rückbindung von Teilergebnissen, die in Arbeitstagungen und in Einzelgesprächen erzielt wurden, an die teilnehmenden Einrichtungen und Personen.

Forschungsmethodisch wurde fallrekonstruktiv gearbeitet, d.h. jeder einzelne ›Fall‹ eigenständig bearbeitet und in seinen Spezifika herausgearbeitet. Die Fallrekonstruktion kann als eines der zentralen forschungsmethodischen Instrumente der sich auf Soziales beziehenden Wissenschaften bezeichnet werden und kommt vor allem in professionsorientierten Disziplinen wie Rechtswissenschaft, Sozialarbeitswissenschaft, Erziehungswissenschaft zur Anwendung (vgl. u.a. KRAIMER 2000, SCHWEPPE 2003, KRAIMER 2003, RIEMANN 2000, OEVERMANN 2000, HILDENBRAND 1999). Für die Soziale Arbeit – die Zusammenführung von Sozialarbeit und Sozialpädagogik – spielt die Fallrekonstruktion eine entscheidende Rolle, wird doch über die forschende Rekonstruktion eines Feldes professionelles Handeln und / oder die Sinnwelten der Adressaten in den Fokus der Betrachtung gestellt. Im Kontext der neu entstehenden Studiengänge zur Pädagogik der Kindheit bzw. Bildung und Erziehung wird seit Kürzerem auch das fallrekonstruktive Verfahren im Kontext von *Beobachtung* thematisiert (SCHULZ / CLOOS 2011). Beobachtung ist für Forschungsfelder der Frühen Kindheit sozusagen der Königsweg – ob durch Beobachtungsbögen (*Gelsenkirchener Entwicklungsbogen* 2006 und eine Vielzahl weiterer Beobachtungsbögen), durch elaborierte ethnografische Methoden (JUNG / SCHMIDT / BOLLIG 2004) oder eine Fülle von Anleitungen, Erläuterungen und Beispielen über den Einsatz von Dokumentation und Beobachtung in der Kita (WELTZIEN / VIERNICKEL 2008, VIERNICKEL / VÖLKEL 2009). Beobachtungsverfahren sind einerseits praxisnahe Ansätze in der Kita, die Bildungsbegleitung und Entwicklungsbeobachtung leisten sollen, gleichzeitig ist Beobachtung aber auch eine Forschungsmethodik der Kindheitsforschung, die als sehr junge sozialwissenschaftliche Forschungsrichtung seit den 80er Jahren existiert und in Abgrenzung zur Sozialisationstheorie den Akteurscharakter des Kindes betont (vgl. BÜHLER-NIEDERBERGER / SÜNKER 2003), seine intergenerationale Stellung auch machtanalytisch durchdringt und damit die Abhängigkeit von Kindern zu Erwachsenen analysiert und empirisch erforscht. M. E. sollte innerhalb der Beobachtungsverfahren zwischen Beobachtungsverfahren, die für Dokumentationszwecke eingesetzt werden, und solchen, die aufgrund einer wissenschaftlichen Fragestellung systematisch als Verfahren eingesetzt werden, unterschieden werden. In der vorliegenden Untersuchung wird das Feld aus den Perspektiven der einzelnen Akteure hin untersucht, jeweils – im Unterschied zur *Perspektivenübernahme* – ein *Perspektivenwechsel* eingenommen (GIEBELER 2007) und aus den jeweiligen Perspektiven die Sinn- und Handlungsstrukturen der Akteure rekonstruiert. Die beiden folgenden Darstellungen basieren forschungsmethodisch auf der qualitativen Inhaltsanalyse, mit der – neben den fallrekonstruktiv bearbeiteten Einzelinterviews – die jeweils selbst gewählten thematischen Fokussierungen herausgearbeitet werden konnten.

Insgesamt wurde 23 Kindertageseinrichtungen ausgewählt – alle ausschließlich mit *Kleinen Altersgemischten Gruppen,* also der Gruppenform des damaligen *GTK NRW* mit der Vorgabe, dass zum Beginn des Kindertagesstättenjahres mindestens sieben Kinder unter drei Jahren betreut werden müssen. Die Einrichtungen wurden nach zwei Kriterien ausgewählt. Zum einen wurden die Träger von *Kleinen Altersmischungen* repräsentativ gewählt, um die These verfolgen zu können, dass bestimmte Konzepte, Alltagspraxen und Erfahrungen trägerspezifisch ausgeprägt sind. Diese These hat sich – um einem Ergebnis vorzugreifen – nicht bestätigt. Konzepte und Konzeptionen, Haltungen und Einstellungen, Alltagspraxen im Umgang mit den Kleinsten etc. sind zu diesem Zeitpunkt alle einrichtungsspezifisch unterschiedlich. Das heißt, die Arbeit in einer Kindertageseinrichtung ist wesentlich bzw. ausschließlich von den konzeptionellen Vorstellungen der Kita, der Qualität und Erfahrung des Personals und vor allem von der Leitung und ihren Kompetenzen im Umgang mit Unter-Dreijährigen abhängig. Das andere Kriterium für die Auswahl der untersuchten Kitas war die Kitagröße. Ein- bis sechsgruppige Einrichtungen wurden entsprechend ihrer Repräsentanz einbezogen. Insgesamt lässt sich festhalten, dass eine Kitaleitungskraft somit von drei bis vier bis zu 20 MitarbeiterInnen zu leiten hat, die wiederum zwischen 15 und 150 Kinder betreuen. In der Untersuchung war sie es, die hier ihre konzeptionellen Vorstellungen gemeinsam im Team weitgehend selbstbestimmt realisiert hat.

23 Einrichtungen haben kooperiert. Einrichtungs- und trägerbezogene Daten wurden dokumentiert und analysiert. In 26 *Kleinen Altersgemischten Gruppen* wurden Erzieherinneninterviews durchgeführt und ausgewertet. In acht Einrichtungen konnten Feldbeobachtungen zur Interaktion zwischen Erzieherinnen und Kleinstkindern durchgeführt und dokumentiert werden. In allen *Kleinen Altersmischungen* wurden Totaluntersuchungen von Müttern mit Kindern unter drei Jahren und darüber hinaus biografisch orientierte Interviews mit den Müttern zu ihrer Lebenssituation mit dem Kleinstkind in der Kindertagesstätte durchgeführt. Das Ziel der Untersuchung lag darin, Einstellungen und Umgangsformen mit den Unter-Dreijährigen herauszufinden, zu reflektieren und aus den

Ergebnissen heraus Milieu- und herkunftsspezifisch reflektierte Qualitätsentwicklungen zu begleiten und voranzutreiben.

In einem Teil des Forschungsprojektes mit den ErzieherInnen geht es um die Professionalität der ›Sozialpädagoginnen‹ in den Einrichtungen, ihre Motivation, Einstellung, ihre Teamsituation, Leitungsverhalten, Bezahlung, Fortbildung, Beziehungen zu Eltern, Gremienzusammenarbeit, Verhältnis zum Träger, Einstellung zu Öffnungszeiten, zu Anwesenheitszeiten der Kinder, zu Krankheit und Schlafenszeiten.

In einem andern Teil stehen die lebensweltlichen Bezüge der Eltern, die ihr Kind acht Stunden täglich außerfamilial betreuen lassen, um deren biografische Kontexte, ihre Erfahrungen mit der Kita und ihr Netzwerk zur Kinderbetreuung im Zentrum.

Im Fokus jedoch stehen die Kinder, deren Lebenswelt in der eigenen Familie früh von der weiteren Lebenswelt KITA ergänzt wird, in der sie einen Großteil ihrer Sozialisation erfahren. Bei den Unter-Dreijährigen handelt es sich um Kinder, die zunächst weder laufen noch selbständig essen oder sprechen, deren Interaktion nonverbal verläuft und deren Bedürfnisse durch Körperkontakt und Beziehungsanforderungen ganz andere Anforderungen an die Kompetenzen der Erzieherinnen stellen, als die Arbeit mit den bereits auch kognitiv ansprechbaren und weitgehend selbstständig agierenden ›Kindergartenkindern‹.

Es sollten ausschließlich Erzieherinnen, die direkt mit Kindern unter drei Jahren gearbeitet haben, befragt werden, sowie die engsten primären familialen Bezugspersonen, in der Regel die Eltern. Konkret stellte sich in der Umsetzung des Forschungsdesigns heraus, dass es ausschließlich Erzieherinnen waren, die sich selbst als vorrangig zuständig für die Kleinstkinder bezeichneten bzw. von der Kitaleitung als erste Bezugserzieherin für die Kleinsten ausgewählt wurden.

Das gleiche wiederholte sich bei den Eltern. Bis auf einen Vater, der zur Erhebung der Sozialdaten gemeinsam mit seiner Frau erschien, definierten sich in jedem der Fälle die Mütter als erste und Hauptbezugsperson für das Kind. Der einzige Vater, der sich gleichermaßen wie seine Frau als Bezugsperson definierte, überließ es dann aber ihr, das Intensivinterview zu führen. Hier zeigt sich in aller Deutlichkeit, dass sich trotz auch vor zehn Jahren bereits anders lautender Vorstellungen von Arbeitsteilung und Verantwortungsteilung die praktische Umsetzung geschlechtlich aufgeteilt war.

Darüber wurden hinaus die Einrichtungen – ebenfalls repräsentativ nach Trägerschaften – eine Woche lang mit dem Fokus auf die Alltagsgestaltung für die Kinder beobachtet.

4.3. Sichtweisen der Erzieherinnen

Bevor die Aussagen und Erfahrungen der Erzieherinnen mit der Übergangsthematik dargestellt werden, soll ein weiteres Feld der Untersuchung angesprochen werden. Ein Teilergebnis der Erzieherinnenuntersuchung bezog sich auf die Einstellungen der Erzieherinnen zur Kleinstkindpädagogik generell und wurde bereits publiziert (GIEBELER 2002). Thema ist die Einstellung und Haltung zur Unter-Dreijährigen-Betreuung in Kitas, das in den Erzieherinneninterviews als ein Bestandteil der offenen Themenfelder erhoben wurde. Sprachlich werde ich im Weiteren von Erzieherinnen sprechen, da es sich hier ausschließlich um Frauen gehandelt hat, die sich als erste und Hauptbezugsperson für die Unter-Dreijährigen bezeichnet haben.

Von den 23 befragten Erzieherinnen, die sich als Bezugspersonen hauptsächlich mit den Unter-Dreijährigen befassten, waren dreizehn nicht mit einer Betreuung von Unter-Dreijährigen in Kitas einverstanden, allerdings gaben vier von ihnen an, dass sie letztlich doch gute Erfahrungen mit der Arbeit mit Kleinstkindern in der Kita gemacht hätten. Dies gaben sie an obwohl sie gleichzeitig formulierten, gegen die ›Abgabe‹ der Kinder zu sein, aber eben durch die konkrete Erfahrung mit den Kleinsten in der Kita auch positive Seiten kennen gelernt hätten.

Eine der ablehnenden Erzieherinnen sagt, dass sie es schrecklich findet, wenn Eltern ihre Kinder so früh abgeben, eine andere versteht gar nicht, warum Eltern dann ›Kinder in die Welt setzen‹. Obwohl sie nicht davon überzeugt sind, dass die Kita ein guter Ort für kleine Kinder sei, berichten alle davon, dass sich die Kinder – sind sie einmal in der Kita – gut entwickeln und sich in der Kita wohl fühlen. Eine von ihnen stellt darüber hinaus fest, dass die Eingewöhnung mit den Kleinsten einfacher sei als mit Kindergartenkindern.

Interessanterweise ergab die Auswertung der Interviews über die Kategorie der ›eigenen Erfahrung von Mutterschaft‹ eine klare Trennung: Zwei von dreizehn Nicht-Müttern sprechen sich positiv für eine Kleinstkindbetreuung aus im Unterschied zu zwei von neun Müttern, die sich gegen eine Kleinstkindbetreuung aussprechen, d. h. sieben von neun Erzieherinnen, die selbst Mütter sind, haben eine positive Haltung gegenüber der Kleinstkindbetreuung in Kitas im Unterschied zu elf Nicht-Müttern, die Bedenken formulieren (GIEBELER 2002, S.44–50).

Die umfangreichen Interviews wurden mit dem Fokus auf die Alltagspraxis und die Einstellungen der Erzieherinnen angelegt. Sie umfassen neue thematische Komplexe, die durch erzählgenerierende Fragen offen eingeleitet werden und den Interviewees freie, selbst gewählte Schwerpunkte der eigenen Erfahrungen und Haltungen ermöglichen. Daneben gibt es Fragen zur Einrichtung, Zusammenarbeit, Einstellung zu Eltern etc. Eine Leitfrage bezieht sich explizit auf die Eingewöhnung, wirft neue Fragen zur Bezugsperson auf und dient im Kontext unserer öffentlichen Installation zur ›ersten Fremden‹ als Grundlage der Interviewführung unter den Bedingungen von öffentlicher Präsentationsabsicht mit zwei binationalen Elternpaaren aus einer Kita. Daher werden Auszüge der Ergebnisse der ersten Studie im Folgenden – fokussiert auf die Fragestellung der Eingewöhnung bzw. der Übergangsthematik – dargelegt.

Eine zentrale Fragestellung der Eingewöhnungspraxis ist die Gestaltung der Übergabe vom Elternhaus in die Kita, in der eine neue Bezugsperson für die Kinder von Bedeutung ist und als wichtiger Bestandteil gelingender Übergänge betrachtet wird. ILKA RIEMANN und WIEBKE WÜSTENBERG haben sich in ihrer *Frankfurter Studie* mit der Frage befasst, was es bedeutet, ein-bis zweijährige Kinder in die bestehenden Kindergartengruppen aufzunehmen und stellen u.a. fest, dass die Eingewöhnung optimiert werden könne (RIEMANN / WÜSTENBERG 2004). FEIN untersucht in ihrer Studie die Wirkungen der Eingewöhnung in Kitas auf Kleinkinder unter Bindungsgesichtspunkten und kommt u.a. zu dem Ergebnis:

»...gut ausgebildete und sozialkompetente Erzieherinnen können auch den Kummer beeinflussen, den sehr empfindliche Kinder erfahren, wenn sie in eine Betreuungseinrichtung kommen«. (FEIN 1996, S.94). Viele weitere Untersuchungen belegen, dass der gelingende Übergang der Kinder in die Kita weitgehend von einer optimalen Anfangssituation und kontinuierlicher weiterer Betreuung durch kompetente Bezugspersonen abhängt. Für unsere Fragestellung hier wird damit u.a. mit einem Mythos gebrochen: ›Je kleiner die Kinder, desto belastender die Kita‹ und gleichzeitig das Thema eingeführt, das von Anfang 2000 bis heute die Debatte prägt: Was heißt Professionalisierung der Kita-Betreuung, Bildung und Erziehung? Wie lässt sich ›Qualität‹ festmachen und was heißt das für den Prozess des Übergangs in die Kita?

Die These der ErzieherInnenuntersuchung war, dass die Qualität der Kita in der Betreuung von Unter-Dreijährigen – aber auch von anderen Kindern – von der Fähigkeit abhängt, individuell jedes Kind und seine Eltern in ihrer jeweiligen spezifischen Seinsweise, ihrer Herkunft, ihrer Umgangsweisen mit dem Kind, ihren materiellen Möglichkeiten, ihren Zeitrastern etc. ernst zu nehmen und sie als Einflussfaktor für die Kitarealität in den institutionellen und pädagogischen Prozess einzubeziehen. Kriterien für diese Einbeziehung ist nicht die *Bindung* sondern der *praktische Alltagsvollzug:* wie wird gewickelt, wie gegessen, welche Rituale gibt es, wie funktionieren Abschied und Ankommen, wie die Interaktion zwischen Eltern und ErzieherInnen, werden Spannungen auf- und abgebaut etc.

Aussagen der Erzieherinnen zur Zuordnung von Bezugspersonen

In den erfassten Kitas sind die Aussagen zur Zuordnung zu Bezugspersonen unterschiedlich; es haben sich drei Cluster herausarbeiten lassen, die in sich jeweils differenziert werden müssen. Alle Interviews wurden transkribiert, Aussagenfelder erarbeitet, Interpretationskriterien aus dem Text entwickelt und analysiert. In der Ergebnisdarstellung werden die Transkripte, d.h. die Abschrift der gesprochenen Sprache mit bestimmten Zeichen, die nicht der Rechtschreibung entsprechen, der

Lesbarkeit zuliebe in Schriftdeutsch zurückübersetzt, ohne allerdings den im Transkript festgehaltenen Eindruck der gesprochenen Sprache zu verändern. Die Ergebnisse lassen sich folgendermaßen zusammenfassen.

Zuordnung einer festen Bezugsperson in der Anfangszeit

In fünfzehn Einrichtungen wird trägerübergreifend den neuen Kindern vor ihrer Aufnahme eine feste Bezugsperson zugeordnet, die ihnen in den ersten Tagen oder auch Wochen der Aufnahme die Kita zeigt, sich um sie kümmert, sie wickelt und füttert. Dabei wird in drei Einrichtungen teamorientiert gearbeitet: »Wir machen das immer so, dass wir uns vorher zusammensetzen und gucken, was kommen für neue Kinder und dann teilen wir uns auf für die ersten vier, fünf oder sechs Wochen, je nachdem, wie lang das einzelne Kind braucht. Es ist so, dass das Kind eine feste Bezugsperson von uns hat und die sich irgendwie verstärkt um das Kind zu kümmert ...« (Int10). In einer weiteren Kita entscheidet sich das Team ebenfalls für die Festlegung einer Bezugsperson: »sie kümmert sich in der ersten Zeit auch primär, ist also Animateur für das Kind, zeigt alles, die Spiele, die Räumlichkeiten, wickelt auch als einzige das Kind. Das macht immer erst mal nur eine Person, so dass das Kind Sicherheit hat.« (Int9). Oder: »Wir machen das immer so, dass jedes kleine Kind eine feste Bezugsperson hat, also dass es da einen gibt, der sich besonders um das Kind kümmert und nach Möglichkeit, dass es auch immer der ist der es in der ersten Zeit immer wickelt und der es immer füttert also das soll in den ersten Monaten immer der gleiche sein.« (Int17). Hier wird ganz deutlich, dass sich die Arbeit auf die Wickelkinder bezieht und die ErzieherInnen davon ausgehen, dass der Bezug zu einer einzigen Person hilfreich ist, um dem Kind das Ankommen in der Kita zu ermöglichen.

Drei der fünfzehn Erzieherinnen – aus drei verschiedenen Trägereinrichtungen – beziehen explizit die Eltern mit ein. Demnach ist die Bezugsperson nicht nur hauptverantwortlich für die ihr zugesprochenen Kinder, sondern ist auch die Ansprechpartnerin für die Eltern. Sie erfragt, wie es dem Kind zu Hause geht, was dort gerade wichtig ist und informiert die Eltern, wie der Tagesablauf des Kindes in der Kita gestaltet war, wie es ihm emotional erging etc. »Einmal haben wir ja diese Regelung, dass bei den Kleinstkindern eben jemand sich als Bezugsperson zu erkennen gibt und halt auch einen intensiven Kontakt mit den Eltern aufbaut, dass also fast täglich eben ein Austausch erfolgt, dass die Eltern morgens berichten können, ›so und so ist es zu Hause gewesen‹ und dass sie dann am Ende des Kitatages auch wieder einen Bericht bekommen, ›das und das ist hier bei uns passiert‹...« (Int22).

In zwei Einrichtungen werden den Kindern von Anfang an zwei Bezugspersonen zugeordnet.

»Wir suchen dann halt auch ein Team aus, das festlegt: wer kümmert sich erst mal, die ersten paar Wochen um das Kind, das neu kommt... haben dann meistens zwei Personen ausgewählt, weil wir meinten halt auch, vielleicht kann das Kind sich doch schon mal an einer festen Person orientieren, aber eine andere, die zusätzlich auch mal da ist ...« (Int1).

In vier Einrichtungen, wiederum trägerübergreifend, suchen sich die Kinder ihre Bezugsperson selbst aus, ganz nach ihren Vorlieben, wie die Befragten sagen. »Das Kind kann sich dann auch die Bezugspersonen aussuchen. Wir sind ja drei Mitarbeiter und zu demjenigen, zu dem sich das Kind so hin orientiert, der ist dann auch für die Trennungssituation zuständig.« (Int14). Eine weitere Erzieherin meint: »Ja, die ganz Kleinen können ja nur maximal drei Bezugspersonen vertragen – sagt man so

– die suchen sich automatisch jemand aus der ihnen einfach – aus was für Gründen auch immer – liegt, aber die anderen sind genauso präsent. Also es ist nicht so dass ein Kind völlig zusammenbricht wenn jetzt jemand in Urlaub fährt.« (Int15)

In einer weiteren Kita wird keine feste Bezugsperson bestimmt, das Kind sucht sich aus, zu welchen Erzieherinnen es sich besonders hingezogen fühlt. Hierbei handelt es sich um eine eingruppige Einrichtung, d.h. die Gruppe umfasst 15 Kinder und drei ErzieherInnen.

»Das gibt es bei uns nicht, also dass wir jetzt sagen bei vier Kindern, du bist dafür Bezugsperson du bist dafür Bezugsperson und du dafür – das Kind sucht sich die Bezugsperson selber aus. Und es gehen alle auf das Kind gleich ein und äh es gibt keine feste Bezugsperson zu Anfang, die sucht sich das Kind selber aus.« (Int6)

Begründungen für die Gestaltung des Übergangs mit Bezugspersonen

Die Erzieherinnen, in deren Einrichtungen den Kindern eine feste Bezugsperson zugeordnet wird, begründen zum Teil dieses Modell mit der Sicherheit, die dem Kind durch eine Bezugsperson gerade in der Anfangszeit gegeben werde. Manche erweitern die Bedeutung der festen Bezugsperson für das Kind auf dessen Eltern und sind damit auch für diese als Ansprechpartner erkennbar. Eltern und Erzieherin sollen sich über die Begebenheiten zu Hause und in der Kita vertrauensvoll austauschen können.

Die Erzieherinnen, in deren Einrichtungen sich zwei Bezugspersonen möglichst gleichermaßen um ein neues Kind kümmern, meinen beide, für die Kinder sei im Fall von Krankheit die Abwesenheit einer Erzieherin leichter zu verkraften, wenn sie mit zwei Kolleginnen gleichermaßen vertraut wären. Die Erzieherinnen des dritten vorgestellten Modells der selbsttätig vom Kind ausgesuchten Bezugspersonen begründen ihre Vorgehensweise nicht. Die zuletzt zitierte Erzieherin meint, dass die Kinder die Abwesenheit der Bezugserzieherinnen leichter verkraften, wenn sie keine feste Bezugsperson haben.

Dauer der Bezugspersonenbindung

Die Orientierung auf die Bezugsperson kann unterschiedlich lange dauern. Fünfzehn Erzieherinnen, die nicht identisch sind mit denjenigen, die eine feste Bezugsperson bereitstellen, äußern sich so, dass die Kinder recht schnell bereit seien, sich auf andere Erzieherinnen einzulassen, da auch die Kolleginnen frühzeitig am Tagesablauf des Kindes teilnehmen würden: »Das versuchen wir eben zu vermeiden, dass diese Gewöhnung allzu eng wird, denn sobald dann die anderen Kinder dazukommen und Freunde werden, löst sich auch diese Bezugsperson von ihm. Alle drei Erzieher beschäftigen sich mit dem Kind, sonst wärs vielleicht nur Geschrei irgendwann mal – das hatten wir dann noch nicht«. (Int7)

»Bei uns ist es so, dass in der ersten Zeit nur eine Bezugsperson eigentlich für das Kind da ist aber wir versuchen es dann möglichst auch schon nach dieser Zeit ein bisschen abzugeben.« (Int16). »Wir haben gemerkt, dass es in der ersten Zeit ganz gut tut, ich glaube das kommt auch so durch die offene Arbeit, dass die überall rumlaufen können, dass die sich eigentlich auch ganz schnell an anderen Kindern und anderen Erzieherinnen orientieren, also nicht unbedingt wer weiß wie lange diese eine feste Bezugsperson brauchen.« (Int17). »Ansonsten sind wir halt darum bemüht das eben also dass wir auch austauschbar sind für die Kinder, also dass man merkt, die Kinder haben Vorlieben, aber sie sortieren uns sonst ein bisschen nach Tätigkeiten, die wir machen. Also wir sind alle gleichermaßen akzeptiert, wenn es darum geht ein Kind zu trösten oder zu wickeln oder füttern oder so ...« (Int22)

Eine Erzieherin meint, die Zeit der festen Bezugsperson könne sich bis zu einem Vierteljahr hinziehen. Drei Erzieherinnen benennen drei bis vier Wochen, in denen die Bezugsperson alles mit dem Kind allein mache. »Nach ner Zeit löst sich ja die Bezugsperson ganz einfach nen bisschen, weil die anderen Erzieherinnen und Kinder die auch Bezug kriegen müssen und das dauert so ca. nen Vierteljahr und ehm dann geht das eigentlich und dann haben die Kinder das einfach auch akzeptiert, dass die anderen Erzieherinnen auch für sie da sind.« (Int4). Und: »Die ersten drei bis vier Wochen, wo ich dann wirklich alles mache, das Kind wickle und füttere und dann fang ich an mich zurückzuziehen spätestens so im Schnitt.« (Int12)

Kontinuität der Erzieherinnen-Kind-Beziehungen und der Dienstplan

Das Thema Dienstplan wird insgesamt von sieben Erzieherinnen thematisiert, in vier Einrichtungen berücksichtigt der Dienstplan in der Eingewöhnungszeit explizit die Kleinen, wobei es sich um mindestens zweigruppige Einrichtungen handelt. Geachtet wird darauf, dass eine Erzieherin aus der *Kleinen Altersgemischten Gruppe* auf jeden Fall im Frühdienst anwesend ist, so dass sich die Kinder nicht von Anfang an auf wechselnde Erzieherinnen anderer Gruppen einstellen müssen.

Drei Erzieherinnen thematisieren den wechselnden Früh- und Spätdienst, da sich die Kinder dann recht schnell auch auf andere Personen einlassen können und müssten, da sie ja sowieso immer andere Erzieherinnen im Früh- oder Spätdienst vorfinden würden. Eine Erzieherin bedauert dies zwar, meint aber, dass es leider nicht möglich sei, nur eine Erzieherin von sieben Uhr früh bis fünf Uhr spät im Dienst zu haben. In einer Einrichtung findet der Personalwechsel von Früh- und Spätdienst gruppenintern statt, d.h. Erzieherinnen aus der anderen Gruppe sind in den Wechsel nicht mit einbezogen. Dies wird in die Kinderperspektive übersetzt:

»Die lernen ziemlich schnell, dass hier andere Personen sind. Das kommt schon alleine dadurch, dass die kleinen Kinder – also einige die kommen schon ziemlich früh, also wir haben zwei gehabt, die kamen schon morgens immer in den Frühdienst, das war um sieben Uhr und die mussten eben schon lernen, da nicht immer die gleiche Person kommt, weil bei uns der Frühdienst wöchentlich wechselt«. (Int17). »Wir sind ja zu viert in der Gruppe und jeweils zwei machen Frühdienst und zwei machen Spätdienst, d.h. zwei sind bis nach dem Mittagessen bzw. bis zum Schlafen, also bis 14:00 Uhr da und wir anderen sind halt erst ab 10:00 bis halt 17:00 Uhr da. Wichtig ist, dass in der Hauptzeit beim Essen immer alle da sind und zum Schlafenlegen – ja – und die Kinder müssen sich im Grunde da anpassen also wir machen es nicht so, also jetzt die ersten vier Wochen ist nicht immer der gleiche Frühdienst.« (Int19). »Wir haben aber auch gemerkt, dass wir teilweise natürlich auch an unsere Grenzen kommen. Wir haben Leute ja die Urlaub haben, die – weiß ich – auf Fortbildungen mal sind, die zur Schule gehen. So jetzt muss sich das Kind durch die Dienste natürlich auch mal auf verschiedene Personen einlassen, da beim Spätdienst die Mitarbeiterin, die morgens das Kind empfängt, vielleicht im Frühdienst ist und ne andere ist als die im Spätdienst. Das wäre wünschenswert, wenn es anders ginge, aber es ist Fakt, wir sind ne Institution, es geht nicht anders.« (Int11)

In allen Beiträgen zu diesem Thema wird der Dienstplan der Einrichtung über die Interessen der Kinder gestellt. ›Wir sind ne Institution‹ deutet auf die unmittelbare Alltagspraxis hin, in der der der Charakter von Institutionen beiläufig im Sinne Durkheims interpretiert und aktiv aufrechterhalten wird: »zunächst ist ... der größte Teil der sozialen Institutionen von früheren Generationen auf uns überkommen; wir haben an ihrem Aufbau keinen Anteil genommen und können dabei die Ursachen ihrer Entstehung nicht auffinden, wenn wir uns selbst danach fragen. Und sogar wenn wir an ihrem Zustandekommen mitgewirkt haben, sehen wir die wirklichen Gründe, die unser Handeln und die Art unserer Tätigkeit bestimmen, nur höchst undeutlich und häufig sogar sehr ungenau.« (DURKHEIM 1965: S.91)

Nicht gesehen wird die Institution der Kleinstkindbetreuung als Notfalllösung bzw. einer ›Fremdbetreuung‹, wie sie sich historisch entwickelt hat. Gesetzte Strukturen und normative Regeln bestimmen das Handeln der hier begründeten Umgangsformen mit den Kleinstkindern im Übergang in die Kita.

Ob sich mittlerweile eine andere Haltung – entsprechend einer Handlungsorientierung innerhalb institutioneller Gefüge wie der Kita durchgesetzt hat, wäre mit weiteren Untersuchungen zur sozialen Wirklichkeit in der *U3*-Betreuung zu klären. Bestätigt und verschärft wird dieser Umgang in der Übergangssituation, wenn die offenen Antworten zum Umgang mit Krankheiten und Urlaub während der Übergangssituation angesprochen werden.

Umgang mit Krankheit und Urlaub im Übergang

Drei Erzieherinnen berichten von Urlaubssperren in der Eingewöhnungszeit, um so den Kindern ihre kontinuierlichen Bezugspersonen zu erhalten. Sieben Erzieherinnen meinen, dass die Krankheit einer festen Bezugsperson in der Eingewöhnungszeit den Kindern Schwierigkeiten bereiten könne, wenn tatsächlich die Hauptbezugsperson des sich gerade eingewöhnenden Kindes ausfalle. Die Situation verschärfe sich, wenn nicht nur eine Kollegin ausfalle, sondern mehrere.

Im direkten Kontrast hierzu äußern allerdings fünfzehn Erzieherinnen, dass Krankheit oder auch Urlaub nicht sehr gravierend seien. Die Kinder würden gut zurecht kommen, wenn Kolleginnen fehlen, da sie entweder eine zweite Erzieherin genauso akzeptieren würden oder sie mit fast allen Kolleginnen der Einrichtung durch die gemeinsame Nutzung des Freigeländes, durch Früh- und Spätdienst oder durch Aktionen wie Turnen, Verkleiden usw. bekannt seien.

Zur Korrelation Gelingende Eingewöhnung – Bezugspersonen

In den drei Einrichtungen, die im Gegensatz zu den anderen die Eingewöhnung recht schnell vollziehen, wird den Kindern von Anfang an eine feste Bezugsperson zugeordnet. Außerdem ist diesen drei Kitas gemeinsam, dass sie ihre Arbeit als offen definieren, nämlich nach der Konzeption ›Offene Kitaarbeit‹ (LILL 2006, GRUBER / SIEGEL 2008). Im Unterschied zu allen anderen konzeptionellen oder theoretischen Ansätzen, die innerhalb der Kitas eine Rolle gespielt haben wie *Montessori,* Situationsorientierter Ansatz, Elemente von *Reggio*-Pädagogik etc., spielt der Ansatz der Offenen Arbeit eine Rolle für die Umgangsweisen mit der Übergangsthematik. In einer Kita wurden z.B. alle Gruppenräume in Funktionsbereiche aufgelöst, bis auf die ehemals *Kleine Altersgemischte Gruppe,* die noch alle Funktionsecken in einem Raum vereint, wie z.B. Baumöglichkeiten, Ecke mit Verkleidung etc. Bei ihr ist also noch am ehesten von einer Art ›Gruppe‹ zu sprechen, in der sich die Kinder als zusammengehörige Einheit in einem Raum verorten. Bei den anderen beiden Einrichtungen verhält es sich ähnlich, sie ordnen aber der *Kleinen Altersgemischten Gruppe* noch explizit den Gruppenstatus zu, da sie festgestellt haben, dass die Kleinstkinder sich nicht in einem offenen großen Kitagebäude bewegen können.

Alle drei Erzieherinnen leiten aus den Prinzipien der ›Offenen Arbeit‹ ab, dass die Kleinsten sich schon frühzeitig von den ihnen zugeordneten Bezugsperson lösen könnten. Alle Kinder der Einrichtung würden sich ja im ganzen Haus bewegen, so dass auch schon die Kleinsten recht schnell danach streben, ihren Gruppenraum zu verlassen. Deshalb könnten die Kinder auch andere ErzieherInnen gut und frühzeitig akzeptieren, da sie sehr schnell viele ErzieherInnen von ihren Streifzügen durchs Haus oder von besonderen Aktionen wie Turnen oder Verkleiden kennen würden.

»... ich glaube das kommt auch so durch die offene Arbeit, dass die überall rumlaufen können, dass die sich eigentlich auch ganz, ganz schnell an anderen Kindern und anderen Erzieherinnen orientieren und also nicht unbedingt wer weiß wie lange diese eine feste Bezugsperson brauchen.« (Int17). »Also dadurch, dass wir drei sind, ist es relativ unwahrscheinlich, dass alle drei krank sind und die Kinder haben schon so ihre festen Leute, aber dadurch, dass die Kinder natürlich auch im Haus rumlaufen können, kennen die auch andere und es ist für die auch nicht das Problem, wenn jemand anders dazukommt, dass da ein Fremder sitzt, denn ja letztendlich jemand kennt den, weil der oft turnt oder weil der sich verkleidet.« (Int18)

In den drei Einrichtungen, die die Eingewöhnungszeit als eher schwierig benennen, zeigt sich das ganze Spektrum der Stellung der Bezugspersonen. In einer Kita sind den Kindern von Anfang an zwei Bezugspersonen zugeordnet, in der anderen eine feste Bezugsperson und in der dritten suchen sich die Kinder ihre Bezugspersonen selbst aus. Eine Korrelation zwischen Schwierigkeiten bei der Eingewöhnung in diesen Einrichtungen und der Stellung der Bezugspersonen wird hier nicht deutlich. Schwierigkeiten bei zwei Kitas resultieren wohl eher aus dem Neubeginn der Kita ein Jahr zuvor, der gleichzeitigen Aufnahme von sehr vielen Kindern unter drei Jahren und der fehlenden Erfahrung mit der Betreuung von Unter-Dreijährigen.

Von den fünf Einrichtungen, die explizit ihre Erfahrungen mit dem Übergang als positiv bezeichnen, haben vier das Modell der festen und eine das Modell der nicht festen Bezugspersonen eingeführt, wobei sich

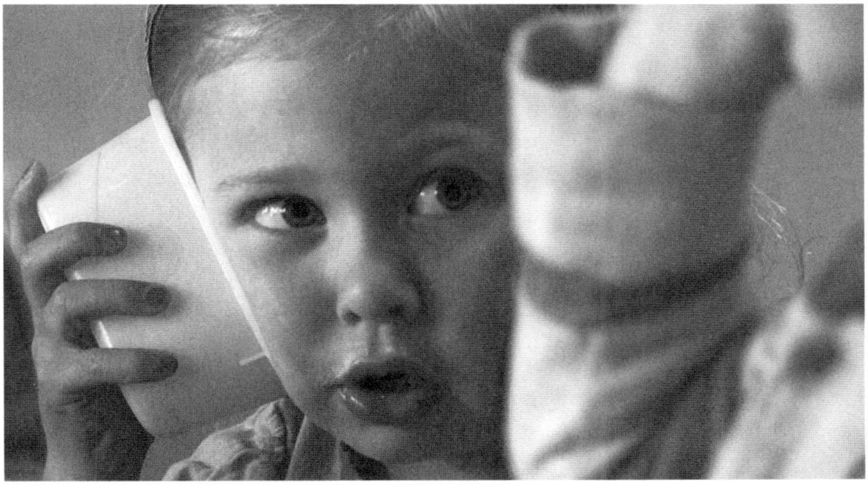

die Kinder ihre Bezugspersonen selbst aussuchen. Bei allen handelt es sich um ein- oder zweigruppige Einrichtungen. Auch hier wird eine Korrelation zwischen Stellung der Bezugsperson und Bewertung der Eingewöhnung nicht deutlich, allerdings lässt sich aus dem Zusammenhang schließen, dass kleine Einrichtungen für die Übergangsgestaltung eine positive Auswirkung haben.

Zusammenfassung und Schlussfolgerungen: Eingewöhnung / Bezugspersonen

Die Gestaltung der Eingewöhnung ist in keiner der Einrichtungen vom Träger vorgegeben. Sie ist sehr differenziert unterschiedlich und vollständig trägerunabhängig. Ebenso verhält es sich mit der Stellung der Bezugspersonen in der Übergangsgestaltung in der Kita. Auch hierfür gibt es keine Trägerrichtlinien.

Keine Erzieherin bewertet die Art und Weise, wie in ihrer Einrichtung mit der Zu- oder Nichtzuordnung von Bezugspersonen umgegangen wird, negativ. Die meisten Erzieherinnen sehen auch bei Urlaub oder Krankheit während der Übergangssituation keine besonderen Schwierigkeiten für die Kinder. Nach ihren Aussagen scheinen die Kinder sich sehr schnell auf mehrere Personen einlassen zu können. Bewertungen über die Zuordnung von Bezugspersonen, bzw. was bei Krankheit oder Urlaub des Personals mit den Kindern geschieht, erfolgen ebenso wie die Gestaltung der Eingewöhnung und die Stellung der Bezugspersonen trägerübergreifend. Im Kontext der Bezugspersonen spielt aber eindeutig die Größe der Kita eine Rolle. Die Korrelationen zeigen, dass es einen Unterschied macht, ob in einer viergruppigen Einrichtung mit wechselndem Früh- und Spätdienst die Kinder auch mit ErzieherInnen aus anderen Gruppen konfrontiert werden, oder ob die Quantität der möglichen Begegnungen mit ›Fremden‹, wie sie hier auch benannt worden sind, in einer zwei- oder eingruppigen Einrichtung wesentlich reduziert ist. Besonders bemerkenswert ist, dass von fünf Erzieherinnen festgestellt wird, dass kleinere Kinder sich schneller als größere in die Tagesstätte eingewöhnen. Auch wenn es keine trägergebundenen Vorgaben über die Gestaltung von Eingewöhnung und Stellung von Bezugspersonen gibt, ist doch festzustellen, das sich ein Träger durch vielfältige Ideen wie zum Beispiel die Einführung von Paten, Hausbesuchen oder regelmäßiger Hausbesuche vor der Eingewöhnung etc. auszeichnet. Es ist gleichzeitig der Träger, der die meisten kleinen Einrichtungen unterhält und mit Abstand die meisten Einrichtungen stellt, die überhaupt die *Kleine Altersgemischte Gruppe* eingeführt haben. Außerdem ist festzuhalten, dass eine recht abrupte Eingewöhnung der Kinder nur in Einrichtungen der großen Träger stattfindet.

Trotz der genannten Spezifika wird bei der Gestaltung der Eingewöhnung deutlich, dass bis zu diesem Zeitpunkt keine geteilten Vorstellungen einer klein- und kleinstkindgerechten Pädagogik in den Kindertagesstätten vorhanden sind. Wie die Eingewöhnung und die Stellung der Bezugspersonen gestaltet wird, entscheiden die Erzieherinnen bzw. die Leitung. Nur ein geringer Teil der befragten MitarbeiterInnen ist mit den Spezifika der Arbeit mit Unter-Dreijährigen vertraut, obgleich sie mit ihnen arbeiten. Eine Thematisierung der Übergangszeit über die direkte Eingewöhnung hinaus erfolgt von keiner der Erzieherinnen selbstläufig.

Insgesamt lässt sich feststellen, dass die Eingewöhnung der neuen Kinder besonders gut funktioniert, wenn diese schrittweise und langsam das Tempo eines jeden Kindes individuell berücksichtigt und in Kooperation mit den Eltern erfolgt.

Besonders hilfreich für Kinder und Eltern scheint das Angebot zu sein, die neue Lebenswelt Kita schon vor der eigentlichen Aufnahme durch Besuchstage kennen zu lernen.

4. 4. Die Sichtweisen der Eltern

Die Elternuntersuchung erfolgte über Leitfragen mit drei Stimuli zur Selbstrepräsentation durch Erzählungen innerhalb eines gegebenen Themenfeldes. Im Weiteren wird nur auf die Beweggründe, einen Kitaplatz für das Kleinstkind zu suchen, und auf die Zufriedenheit mit der Kita im Übergang eingegangen. Die Elternuntersuchung ergab, dass alle Eltern bzw. de facto die Mütter mit der Betreuung ihrer Kinder in den Kindertageseinrichtungen sehr zufrieden waren. Dass hier lediglich die Mütter befragt wurden, hat damit zu tun, dass die Erzählungen zum täglichen Umgang und zum Übergang in die Kita Grundlage der Forschung sein sollten. Nur diejenigen, die sich täglich mit den kleinen Menschen befassen, wurden befragt. Es wurde unterstellt, dass diejenigen, die selten den Kontakt zur Kita halten und weniger Zeit mit dem Kind verbringen, auch nicht viel dazu zu erzählen haben. Alle 23 befragten Mütter und der eine Vater berichten vom Wohlergehen der Kinder in der Kita. Dieser allerdings hat an der ausführlichen offenen Interviewsituation nicht teilgenommen, sondern an der Sozialdatenerhebung und allgemeinen

Fragestellung zum Thema. Der Hintergrund war, wie oben erläutert, dass durch die Entscheidung lediglich die Erst- und Hauptbezugspersonen zu befragen, alle Väter und anderen Bezugspersonen aus der Studie herausgefallen sind. Dieser Tatbestand ist als empirische Antwort auf die Zuständigkeits- und Verantwortungsübernahme von Müttern und deren Hauptarbeitsleistung mit dem Kleinstkind zu werten.

Auf die Stimulusfrage zu den Beweggründen der Kitaplatzsuche für ihr kleines Kind werden folgende Themen genannt: Berufstätigkeit / Ausbildung / Studium

Die überwiegende Zahl der befragten Mütter nennt auf die Frage zu den Beweggründen, ihr Kind in der Kita anzumelden, explizit und an erster Stelle die eigene Berufstätigkeit bzw. Ausbildung und Studium (19/23). Von den anderen vier Müttern nennt eine die Berufstätigkeit nur implizit und eine weitere erst in zweiter Linie als Motiv für die Kitaunterbringung (Intv. 19, 20). Eine Mutter musste wegen einer plötzlichen Erkrankung ihr Kind sozusagen von heute auf morgen in die Kita geben (Intv. 1), und eine weitere nennt als Grund für die Kitabetreuung, dass bereits die vier älteren Geschwister in der Kita betreut wurden (Intv. 2). Aber auch bei diesen beiden Frauen wird im weiteren Verlauf der Interviews deutlich, dass sie durch die Kitabetreuung auch eine zukünftige Berufstätigkeit gewährleistet sehen.

Bei der Darstellung der Berufstätigkeit lassen sich drei verschiedene Varianten der Bedeutungszuschreibung feststellen:

Da sind zum einen die Mütter, die ihre eigene Entscheidung in den Vordergrund stellen und – meist unter Nennung eines Zeitpunktes – formulieren, dass sie wieder arbeiten wollten: »also ich wollte wieder anfangen zu / arbeiten /« (Intv. 4), »weil ich mein Studium noch zu Ende machen möchte« (Intv. 9), »weil für uns klar war, wir wollen beide berufstätig bleiben« (Intv. 10), »dass ich gerne voll arbeiten wollte« (Intv. 11), »und wollte dann auch gerne wieder einsteigen in den Beruf« (Intv. 12), »wollte ich eben wieder anfangen zu arbeiten« (Intv. 21).

Zum anderen gibt es eine ganze Reihe von Müttern, die ihre Berufstätigkeit als ›Zwang‹ betrachten, der ihnen sozusagen keine andere Wahl gelassen hat, als wieder berufstätig zu werden. Sie sprechen davon, dass sie wieder arbeiten mussten. Die Ursachen für das ›Gezwungensein‹ sind jedoch unterschiedlicher Art: drei Mütter führen finanzielle Gründe dafür an, dass sie auf den Verdienst angewiesen seien, wobei dies bei einer Mutter eher sekundär erschien. In erster Linie berichtet sie davon, wie wichtig ihr die Berufstätigkeit ist:

»und bei uns sind's ganz klar auch wirtschaftliche Faktoren« (Intv. 12) »es war mir aber klar, dass ich einfach arbeiten musste wegen des Geldes« (Intv. 14), »dass ich wieder arbeiten musste wollte also das ist eher so gemischt / beides/ also so vom Geld her und auch von der Zeit her dadurch dass es ja schon das zweite Kind ist dass ich einfach auch nicht zu lange raus sein wollte (ja), also das ist der Grund und sonst hätt ich ja noch gewartet« (Intv. 17).

Andere beziehen ›müssen‹ darauf, dass der Erziehungsurlaub zu Ende ist, wobei offen bleibt, ob sie sich einen längeren Erziehungsurlaub gewünscht hätten (Intv. 8). In einem Fall wird ausgeführt: »ich musste ja irgendwann mal wieder arbeiten, ein Jahr war ich schon zu Hause [...] weil noch länger zu Hause bleiben wollt ich eigentlich nicht (mh).«

Interviewerin: Das hat Ihnen gereicht.

Frau M.: »Ja, ((laut, gedehnt)) also 1 Jahr und 4 Monate das ist dann auch genug denk ich mal (mh)« (Intv. 16).

In zwei anderen Fällen bleibt einfach offen, weshalb die Frauen das Gefühl hatten, dass sie wieder arbeiten müssen: »weil ich nach zwei Jahren eben wieder arbeiten musste« (Intv. 3), »und ich gleichzeitig auch berufstätig sein musste« (Intv. 18).

Dann gibt es eine dritte Gruppe von sieben Müttern, die ihre Berufstätigkeit als Selbstverständlichkeit präsentieren. Sie entscheiden sich nicht extra, und fühlen sich auch nicht gezwungen: »Meine Überlegung war, dass ich also ehm klar dass ich wieder nach einem Jahr auch arbeiten gehen werde.« (Intv. 5). »Ich bin berufstätig« (Intv. 6), »Ja also ich mache n Fernstudium und ich war einfach in der Phase bei meinem letzten Kind wo ich noch eine Prüfung zu absolvieren hatte und die Diplomarbeit zu schreiben [...] geplant sie sehr früh wieder in die Kita zu geben [...] um dann eben mein Studium abschließen zu können« (Intv. 7), »als Charlotte 8 Monate war hab ich wieder angefangen zu arbeiten« (Intv. 13), »weil ich nämlich im Februar schon wieder angefangen hatte zu arbeiten« (Intv. 19), »ganz einfach weil ich wieder berufstätig bin« (Intv. 22), »weil ääh ich jetzt wieder angefangen habe zu arbeiten« (Intv. 23).

Es gibt noch eine Ausnahme: Eine Frau berichtet, dass ihr Arbeitgeber sie brauche, und sie deshalb wieder arbeiten gehe. Andere Motive für die Unterbringung in einer Kita – neben der Berufstätigkeit der Mütter sind pädagogischer Art. »Also ich bin selber auch Erzieherin und hab halt 10 Jahre lang auch in so ner Einrichtung gearbeitet und fand das immer total klasse wie sich die so entwickelt haben die Kleinen (mh) und wollte auf jeden Fall dass L. auch so mit Kindern aufwächst« (Intv. 20).

Der Aspekt des Umgangs mit anderen Kindern taucht auch in anderen Interviews auf: »ich find das ganz schön für die Kinder wenn die in Gruppen sind« (Intv. 2), »die hab ich schon mit zwei Jahren weil die einfach wirklich die / brauchte / das die war so'n Kind die /schrie / nach anderen Kindern die wollte unbedingt mit anderen spielen« (Intv. 3), »ich find's nur schöner mit anderen Kindern im Umgang« (Intv. 11), »andererseits stand eben dagegen dieser Kontakt mit den vielen Kindern« (Intv. 13).

Neben den Gründen für die Kitaentscheidung wird mehrmals die Entscheidung für die Betreuungsform Kita im Unterschied zu Tagesmüttern oder Verwandten erörtert. Die Kita wird als zuverlässig und professionell empfunden:

»erst wollt ich ne Tagesmutter zu nehmen hatte auch kurzfristig eine (mh) nur mir gefiel's also grundsätzlich besser dass xx irgendwo im Kindergarten ist mit anderen Kindern auch weil es für / mich / halt bisschen einfacher ist ich bin dann halt auch n bisschen flexibler so was das Arbeiten betrifft« (Intv. 8), »Ich brauchte auf jeden Fall ne Betreuung und ich wollte die nicht durch irgendwelche Verwandten machen lassen [...] weil ich mir lieber ne professionelle Betreuung wünsche [...] und ne Tagesmutter würd ich mh ja verschieden Gründe einmal denk ich hat man mehr Probleme mit der Öffnung, also mit n ja vielleicht ist es n bisschen flexibler, aber ist die Tagesmutter krank« (Intv. 9), »sonst hätten wir für drei gut halbe Tage ne Tagesmutter nehmen müssen und ehm da hat ich einfach Bedenken, das geht dann oft so n bisschen Richtung / Oma-Ersatz / oder dass die auch / mehr / in die Erziehung eingreifen als einem eigentlich ›lieb‹ ((gedehnt)) und ich glaub, dass das in so ner Kita besser / geregelt / ist« (Intv. 11), »und wir haben eigentlich auch immer gedacht, wir wollen sie nicht bis sie in den Kindergarten kommt, nur durch ne Tagesmutter betreuen lassen so perspektivisch haben wir auch immer gesagt, fänden wirs schön wenn sie in ne Kita kommt« (Intv. 13). Die Tagesmutter wird von allen Frauen als zweitbeste Lösung betrachtet. Argument ist die geringe Zuverlässigkeit, phantasiert wird, dass diese ja krank werden könne und dann die Betreuung platze, aber auch dass hier vielleicht eine Konkurrenzsituation auftreten könne, sie mehr in die Erziehung eingreife als einem lieb sei.

Im Laufe der Erzählungen fällt auf, dass von den 19 Frauen, die mit ihren Partnern gemeinsam ihre Kinder aufziehen (vier Frauen bezeichnen sich als allein erziehend), vier Frauen in Bezug auf die Kitaentscheidung sehr dezidiert von ›wir‹ sprechen und auch in mehreren Interviews der Beitrag der Männer bei der Kinderbetreuung erwähnt bzw. in Erwägung gezogen wird, ohne dass diese Thematisierung durch Nachfragen stimuliert worden wäre. Bei anderen Frauen dagegen erscheint es so, dass die Entscheidung für eine Kitaunterbringung weitgehend ihre alleinige Entscheidung gewesen sei.

»Wir haben uns für n / Platz / interessiert weil für uns klar war wir wollen beide berufstätig bleiben (mh) äh und da ham wir uns um nen Platz gekümmert und ham dann das Glück gehabt dass wir einen gekriegt haben« (Intv. 10), »ja wir hatten halt bei xx gute Erfahrungen gemacht ... und bei yy war ich oder warn wir / voll / entschieden« (Intv. 12), »und dann mussten wir ziemlich schnell kucken dass wir noch ins Auswahlverfahren kommen und dann haben wir uns zwei Einrichtungen angeschaut [...] als xx noch bei der Tagesmutter war hatte mein Mann auch noch Stunden reduziert« (Intv. 13), »also wir mussten ihn ja anmelden ... also als wir das entschieden haben ...« (Intv. 17), »weil ich an nichts also ich als Mutter an nichts teilhaben konnte (ehem) und das alles über meinen Mann ging« (Intv. 1), [Mann hat wegen Krankheit der Frau die Eingewöhnung gemacht], »weil mein damaliger Freund äh arbeitslos war und er wollt nen Lehrgang machen nen Vollzeitlehrgang und da hab ich gedacht ((schnell gesprochen)) ja und dann hat er ja auch keine Zeit auf's Kind aufzupassen« (Intv. 4), »und ehm ja mein Freund arbeitet den ganzen Tag sehr lang« (Intv. 9), »dass ich gerne voll arbeiten wollte also Vollzeitjob und mein Mann Erziehungsurlaub nehmen wollte, das hat sich aber dann so als etwas problematisch dargestellt weil er gewisse Aufgaben / schlecht/ abgeben konnte und dann hat er Erziehungsurlaub genommen und 15 Stunden die Woche weitergearbeitet« (Intv. 11), »Die Zeit über äh ham hat mein Mann dann betreut und wir hatten noch zwei Kindermädchen« (Intv. 19).

Eine Mutter berichtet von zeitlich gleicher Berufstätigkeit und steht fest zu ihrer Entscheidung, nachdem sie mit dem ersten Kind gute Erfahrungen in der Kita machen konnte. Die übrigen Mütter berichten von ihrem Partnern als intensive Betreuer ihrer Kinder, als Väter, die sich mit den Kindern verantwortlich und hauptsächlich beschäftigen wollen, jedoch aufgrund unterschiedlicher Verhältnisse, wegen einer geplanten Fortbildung oder wegen der Arbeitsstelle, in der partielle Aufgaben nicht von anderen Personen übernommen werden können, dann doch nicht die Vollzeitbetreuung übernehmen können.

Gefühle zur Kita

Im Verlauf der Gespräche werden die Gefühle zur Kitaunterbringung immer deutlicher und lassen sich in drei Kategorien einteilen: Von ›sehr gut‹ über ›ambivalent‹ zu ›schlecht‹.

Gutes Gefühl

»Ich finde es immer wunderbar, wenn die in der Kita sind ... ich find das ganz schön für die Kinder wenn die in Gruppen sind« (Intv. 2), »Gut ja richtig gut ja. also da weiß ich da isse in guten Händen ... die fühlt sich da wirklich wohl« (Intv. 4), ›Für mich war das denn in / Ordnung / nachdem ich mich denn dazu durchgerungen hatte und äh da /steh/ ich auch zu« (Intv. 6), »Also das hat prima geklappt ((lacht)) das Kind war betreut und ich hab inzwischen auch abgeschlossen ((lachend))« (Intv. 7), »Pf ja eigentlich ganz gut «((hebt die Stimme)) (Intv.15), »Sehr gut ((klar, bestimmt, lacht)) (lacht) also ich hab wenig ja Schuldgefühle oder wie auch immer gehabt (mh) und für mich war's wichtig wieder arbeiten zu gehn auch rauszukommen« (Intv. 18), »Eigentlich von Anfang an ganz / gut / weil diese Betreuung quasi Fremdbetreuung war sie ja ohnehin schon gewohnt« (Intv. 19), »Also das war eigentlich kein Problem weil sie fand das auch ganz klasse so von Anfang an« (Intv. 20), »Mh eigentlich sehr gut ((lacht leicht)) weil ähm irgendwann ja es klingt vielleicht ein bisschen dumm die Belastung einfach zu viel wurde oder einfach zu sehr halt auf die Abendstunden verlegt wurde ...« (Intv. 2), »war das für mich leichter da war dann eben diese Entscheidung dann relativ also einfacher, zu sagen ja ich geb ihn jetzt mit anderthalb eindreiviertel reingekommen ich geb ihn da rein weil ich das ja kannte« (Intv. 23).

Ambivalentes Gefühl

»Ehm vorher sehr gut und in den ersten Wochen ziemlich schlecht ((lachend)) also vorher war das eigentlich für mich / nie / ein Problem ich hab mir immer gedacht ach das kann eigentlich nur gut sein mit den anderen Kindern und so und ehm in den ersten Wochen wo diese üblichen Tränen halt morgens und ehm das ist mir / gar / nicht gut gegangen da hab ich echt irgendwo so gedacht jetzt bin ich so auf nem Egotrip ich muss wieder arbeiten und mein armes Kind wird ja abgeschoben ((leicht lachend))« (Intv. 8), »beim ersten Kind hätt ich da sicher Schwierigkeiten mit gehabt, den früher abzugeben, beim zweiten hat man einfach gemerkt äh ((atmet ein)), das / reicht / ihm zu Hause alles nicht so recht, das ist ne Typ-Frage auch« (Intv. 11), »Ehm also beim ersten Mal, bei x war also wars schon sehr ambivalent / so / ob das wirklich auch gut ist für das Kind und bei y war ich oder warn wir / voll / entschieden« (Intv. 12), »Ja so n bisschen ambivalent also wir waren es nun schon gewohnt durch die Tagesmutter, aber es war eben doch noch mal ein großer Einschnitt ...«

(Intv. 13), »ich hab da keine mmh großen Probleme mit gehabt, sag ich mal, weil ich äh es ist eben mein drittes Kind und ich hab alle drei Kinder relativ früh schon in auch in die Obhut anderer Leute ((leicht lachend)) gegeben ... das war so als mein Sohn in die Kita kam, also das mittlere Kind war das schon noch mal n größerer Einschnitt, dass ich irgendwie dachte aaah jetzt kommt mein kleines Baby da in irgend so in so n Haus und ganz fremd alles und ((mitleidender Ton, wie sie's damals empfand)« (Intv. 21).

Schlechtes Gefühl

»dann ist xx von heute auf morgen in die Kita gekommen in diese Gruppe und häh mein Mutterherz schlug hoch ((Stimme hebt sich, leicht ironisch)) und mir gings gar nicht gut dabei ((lachend gesprochen))« (Intv. 1), »also da waren so die Entscheidungen die war anderthalb im Sommer (mh) das ist natürlich relativ früh« da hab ich mich ein bisschen schwer mit getan ... dann kann sie jetzt mitgehen und wir gucken mal ((relativ schnell gesprochen)) die hat sich allerdings schwerer getan tut sich bis heute bisschen schwerer« (Intv. 3), »Schlecht weil's doch n Druck ist das man eben das Kind abgeben muss und man doch zwiespältig ist eh geht man arbeiten oder lässt man's sein« (Intv. 5), »als dann der Tag nahte, fiel es mir schwer als ich sie das erste mal da saß äh hingebracht hatte habe ich auch erst einmal wie ein Schlosshund geheult ich hatte gar keine Chance und es kam also dieses Gefühl, ich gebe mein Kind weg und ich fand das ganz entsetzlich (mh) so der erste Tag war ganz fürchterlich für mich (mh) ja das dauerte so ja die erste Woche, war schwierig und von der zweiten Woche an war's dann leichter, ja weil ich auch gemerkt habe, sie wird da gut betreut sie fühlt sich da letztendlich wohl« (Intv 14), »Also ich hatte unheimliche Angst sie / überhaupt / wegzugeben wollt ich gar nicht ich hab gedacht o Gott wenn es ihr nicht gefällt und ((wie ein Hilferuf, Besorgnis von damals schwingt mit))« (Intv. 16), »und das ist mir schon schwer gefallen, also das konnt ich mir kaum vorstellen dass das / so / geht« (Intv. 17).

Es fällt auf, dass ein ›gutes Gefühl‹ mit der als gut wahrgenommenen Qualität der Betreuung und dem Wohlgefühl des Kindes in Zusammenhang gebracht wird. Bei zwei Frauen entsteht der Eindruck als würden sie sich bei der Frage nach den eigenen Gefühlen gegenüber der Interviewerin stellvertretend für ihre Entscheidung rechtfertigen (Intv. 6, 22). Viermal wird die Frage mit ›eigentlich gut‹ beantwortet, wobei die in dem Wort ›eigentlich‹ enthaltene Einschränkung nicht weiter thematisiert wird. Es fällt auf, dass in den Interviews 2 und 7 die eigenen Gefühle nicht thematisiert werden, sondern über Einstellungen bzw. Verläufe geredet wurde.

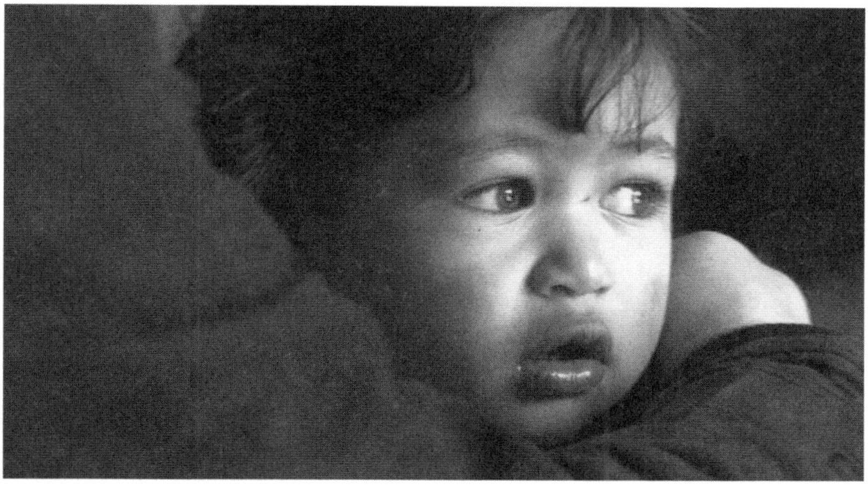

Das Gefühl der Mütter steht in den Erzählungen und Berichten häufig im direkten Zusammenhang zu dem Trennungsverhalten des Kindes. Tut sich das Kind leicht, geht es auch der Mutter gut, weint es viel, geht es der Mutter schlecht. So beschreiben zwei Mütter jeweils ihre beiden Kinder als unterschiedlich: eines hat sich gleich wohl gefühlt in der Kita, das andere jedoch nicht (Intv. 3, 11). Teilweise wird in der Literatur auch der umgekehrte Trennungsschmerz vermutet, dass nämlich das Trennungsverhalten der Kinder davon bestimmt würde, wie leicht oder schwer sich die Eltern trennen bzw. loslassen können.

Ein interessantes Ergebnis ergibt sich bei der Analyse, wenn man diese Antworten mit den Bedeutungszuschreibungen der Frauen bezogen auf die eigene Berufstätigkeit korreliert. Dann zeigt sich, dass Frauen, die ihre Berufstätigkeit aus eigener Entscheidung verfolgen oder als Selbstverständlichkeit begreifen, insgesamt besser mit der Betreuung ihrer Kinder in einer Kita zurecht kommen als diejenigen Frauen die ihre Berufstätigkeit mit den Worten »ich musste wieder arbeiten« beschreiben. Ihnen ging es mehrheitlich in der Anfangszeit der Betreuung der Kinder nicht gut mit der Entscheidung. Zum Zeitpunkt der Interviews hatte sich das allerdings geändert und alle Mütter formulierten ein gutes Gefühl bezüglich der Kitabetreuung. In etlichen Interviews, in denen von einem

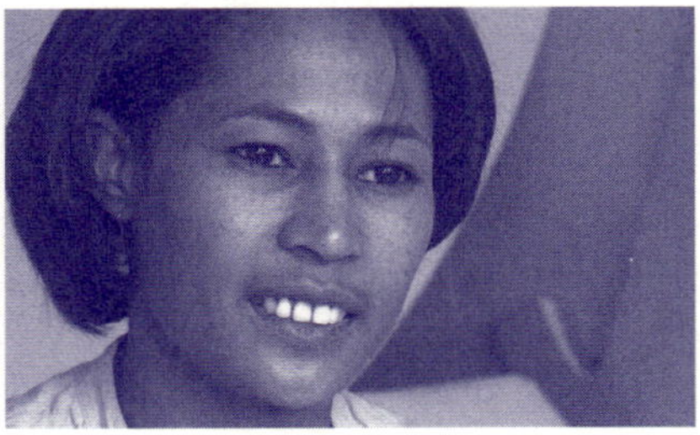

›guten Gefühl‹ zur Betreuung des eigenen Kindes in der Kita berichtet oder erzählt wird, wird sprachlich ausgedrückt, dass es auch andere Befürchtungen und andere Gefühle gab und dass die Situation als Ganzes nicht einfach war.

Bei der Frage danach, wie es war, einen Platz in einer Kita zu bekommen, wird häufig von Schwierigkeiten und vielen Anmeldungen berichtet, was nicht weiter verwunderlich ist, da dem geringen Angebot an Plätzen eine hohe Zahl von Müttern mit Kindern unter drei Jahren gegenübersteht, die zum überwiegenden Teil einen Betreuungsplatz für ihre Kinder suchen. Lediglich für Eltern, die bereits ältere Geschwisterkinder in der Kita hatten (Intv. 2, 3, 17, 21, 22, 23), für eine Mutter, die einen Bonus für Alleinerziehende bekam (Intv. 16) und für zwei Frauen, denen die Suche nach einer Kita von den Arbeitgebern abgenommen wurden, da sie sehr an ihrer Weiterarbeit interessiert waren (Intv. 14, 15), war es relativ einfach, ihr Kind unterzubringen.

Als weiterer schwieriger Aspekt für die Eltern wird thematisiert, dass die Aufnahmetermine nur einmal jährlich seien und dadurch die Kinder oft früher in die Kita gegeben werden müssten, als es ihnen eigentlich lieb sei: »also da waren so die Entscheidungen, die war anderthalb im Sommer (mh) das ist natürlich relativ früh da hab ich mir ein bisschen schwer mit getan, hab gedacht hm dann doch noch, aber dann hätt ich sie noch'n ganzes Jahr zu Hause gehabt und das wär auch mit Arbeiten wieder schwierig geworden weil ich nach zwei Jahren eben wieder arbeiten musste ((relativ schnell gesprochen))« (Intv. 3), »Das war gar nicht schwierig ... da auch in dem Jahr sieben Kinder weggegangen sind aus der Kita, war das überhaupt kein Problem, es wär dieses Jahr nen Problem gewesen, das war auch noch ne Überlegung ob ich noch / warte / aber dann war auch klar, es sind da einfach nur zwei Plätze da ... und ja deswegen war dann letztes Jahr auch noch mal einfach und wir haben das aber auch nicht so gemacht, dass er dann zum Sommer schon gleich angefangen hat, sondern wir hatten dann einfach erst mal nur den Platz und ham den auch bezahlt ... Ab August ... war er ja gerade ein Jahr und zwei Monate und das war mir noch zu früh und ich hab jetzt im Februar erst angefangen zu arbeiten ... wir haben dann gesagt, wir fangen im November an mit Eingewöhnungszeiten« (Intv. 17).

Zur Eingewöhnung selbst wird in vier Fällen ausführlich berichtet. Beispielhaft soll hier eine Situation in der Transkription vorgelegt werden. So berichtet eine der Mütter von ihren Erfahrungen mit einem der Eingewöhnungsmodelle:

Frau: »Das war mh mh ich weiß nicht ne Ausarbeitung äh von von irgendwelchen Pädagogen mh über Studien zur Eingewöhnung von Kindern in Tageseinrichtungen (ach so) und das hatten die einem an die in die Hand gegeben und gebeten es zu lesen im Vorfeld schon ne' und nach Möglichkeit das auch so zu machen, wenn man die Zeit hat ne', dass man also das Kind erst mal na ja zwei Stunden dort lässt aber auch dort bleibt und dass man sich nach drei vier Tagen aus der Gruppe erst raus bewegt erst kurz und dann vielleicht etwas länger, nach paar Tagen konnten wir auch ganz erst mal weg und nach zwei Stunden wiederkommen (ja) ehm beim Schlafen haben wir s dann so gemacht, dass ehm nach ner Woche oder nach sieben acht Tagen war da ne Einrichtung, dass da hat x zum ersten Mal geschlafen, da haben wir uns dann verabredet, dass ich nach dem Mittagessen komme oder etwa dann, wenn x müde wird und ehm dass ich x erst mal hinlege und am nächsten Tag das hatte / so / gut geklappt sie ist auch sofort eingeschlafen und am nächsten Tag haben haben s dort die Erzieherinnen auch schon ausprobiert und sie hat sich auch hinlegen lassen und dann war im Grunde auch so die Eingewöhnung auch abgeschlossen nach zehn Tagen ne' (mh), aber es war wichtig dass ich selber auch eben so etwa drei Wochen Zeit hatte bevor ich arbeiten musste zum eingewöhnen ne' und ich denke wenn die Möglichkeit bestünde sollten sich das auch alle Eltern von Kleinkindern wirklich antun ((lachend)) also nicht nur von Kleinen sondern auch von etwas Älteren ne' alle die so auch von 3–4-jährigen Kindern ne' weil da die Eingewöhnung ja auch relativ schwierig ist, aber gerade bei den Kleinen auch, ja und insgesamt fühl ich mich also auch / weiterhin / ganz gut begleitet dort von den Erzieherinnen, also ich denke einmal dadurch, da ein sehr reger Austausch stattfindet, dass man auch so insgesamt viel mitbekommt von den Situationen in der Gruppe ehm ich glaube die Erzieherinnen sind relativ offen, das habe ich also in der Art und Weise auch selten erlebt bisher, eben in meinem Berufsfeld viele sind doch etwas reservierter und geben auch nicht so viel von ihrer / Arbeit / preis wie s vielleicht dort der Fall ist ... ich glaube, dass es x dort sehr sehr gut geht, dass sie sehr sehr gerne in die Kita geht, sie hat ganz lange Zeit morgens also / kaum / abwarten können, dass es losgeht, grade an den Tagen wo ich auch später anfange zu arbeiten wo ich erst gegen Mittag los muss und ich x dann erst so gegen halb zehn, zehn Uhr bringe (mh) da war dann da war dann die Zeit, als sie um 5 halb 6 aufstand, da wollte sie mit ihrem Rucksack ehrlich fast losgehen ab in die Kita ((begeistert)) wo s dann eben nicht ging ne, wo ich gesagt hab, jetzt möchte ich auch die Zeit mit meinem Kind zu Hause noch verbringen ne' weil ich sonst am Nachmittag auch nicht die Zeit habe und ich mir dachte ne eigentlich ist es besser, dass ich mir ihr jetzt losfahre und das hab ich dann manchmal auch um 9 Uhr schon gemacht und sie dann gebracht ähm das hatte überhaupt keinen Zweck, was soll ich dem Kind was / Schönes / vorenthalten und da musst ich eben die Zeit überbrücken irgendwie, aber ich glaube dass sie unglaublich / gerne / geht und sie freut sich und ich habe also kaum erlebt, dass sie irgendwie da mal eben Theater gemacht hat jetzt im Moment seit so zehn Tagen da hat sie n bisschen Schwierigkeiten morgens wenn ich gehe, aber ich hab auch beobachtet, dass das daran liegt ((lachend)) äh wenn die xy nicht in der Gruppe ist (ah ja) haha ich mach es ganz ganz fest an dieser Person von von xy ((Erzieherin)) (ja mh) mh wenn die nicht da ist, dann fehlt ihr da was, also sie ist so unglaublich auf sie fixiert was heißt fixiert sie mag sie einfach unglaublich gerne ne' (mh) ich will das gar nicht negativ sagen, sondern die x mag die xy unglaublich gerne wenn xy nicht da ist dann fehlt der x was (mh) sie geht da nicht so gern zu A oder zu B oder C oder weiß wen, das ist ganz egal, aber das war auch von Anfang an auch so die Bezugsperson für sie und das ist was ganz wichtiges für x glaub ich,, nich weil wenn xy da ist dann ist das auch gar kein Thema mit dem Gehen ((lachend)) das hab in den letzten Tagen jetzt auch so beobachtet (ja mh) und äh ja im Grunde find ich das sehr schön, dass sie jemanden hat der sich auch wirklich ganz, ja so wie ich das sehe, doch liebevoll sich ihr zuwendet dann auch weil die xy hat ne Art mit der x wo ich denke mh das klappt ganz gut sie nimmt sich auch ganz gut was an die x von xy und doch die wissen auch woran sie sind irgendwie ((lachend)) (mh) ich bin schon sehr zufrieden also da kann ich nicht meckern (gut) ja prima« (Intv. 5/8/15 – 9/23).

In dieser Transkription der Erzählung wird das Modell zur Eingewöhnung als Handreichung von ›irgendwelchen‹ offensichtlich nicht weiter bedeutungsvollen Pädagogen dargestellt. In ihrem Bericht wird der Freiwilligkeitscharakter des Vorschlags deutlich, sie muss – zumindest aus ihrer Perspektive – die Eingewöhnung nicht so gestalten, aber sie kann und darf es so tun und nimmt auch die Möglichkeit dazu wahr. Sie kommt in der Mittagszeit, um dem Kind beim Einschlafen beiseite zu stehen. Die Textpassage verweist auf latente Gefühle, die sich um Sorge drehen: die Begeisterung, dass ihr Kind so gerne in die Kita geht, was sich aus dessen Wunsch, so früh wie möglich dort zu sein, ablesen lässt, wird von ihr als Wohlergehen des Kindes in der Kita interpretiert.

Insgesamt lässt sich abschließend sagen, dass das Thema der Eingewöhnung alle befragten Mütter und den einen Vater beschäftigt hat und dass die Zufriedenheit in direkter Verbindung zum Wohlergehen des Kinds steht. Wieweit die einzelnen Eltern dann auch Einblick erhalten in die Alltagspraxis der Kita wissen wir nicht. Aber die Eltern scheinen sich weitgehend darauf zu verlassen, dass ihnen die Befindlichkeit ihres Kindes von den ErzieherInnen mitgeteilt wird und sie sich darauf verlassen können, dass es dem Kind in der Kita gut geht.

Ob sich daraus ein ›Wir‹-Gefühl mit dem nun in der Institution betreuten Kind auf die Kita überträgt, ist ebenfalls nicht zu beantworten. Eltern werden in vielen Kitas gesiezt, in anderen nicht. Die Mitbestimmung ist unterschiedlich, vor allem in Elterninitiativen wird – soweit die Trägeruntersuchung hier Einblicke gewährt hat – einerseits die Identifikation mancher Eltern mit der Kita stark gefördert, andererseits führen unklare Umgangsweisen mit den Aufgabenfeldern wie Vorstandsarbeit bei gleichzeitiger Elternschaft zu Irritationen. Kita als Ort für Eltern und Kinder gedacht könnte hier zukunftsweisende Optionen für neue Zugehörigkeiten, Mitverantwortlichkeit, Partizipation und Gemeinwesen bieten.

Die für 2008 vorgesehene Zweiterhebung in den gleichen Kindertageseinrichtungen wurde durch die Einführung des Kinderbildungsgesetzes *(KiBiz)* erschwert, da viele Kitas in gravierenden Umbruchsituationen waren und da vor allem die durch Elterninitiativen entstandenen

Einrichtungen, die über 50% des Anteils der *Kleinen Altersgemischten Gruppen* abdeckten, sich neue Träger suchten und somit u.a. auch die Kita *EffHa,* die vormals als Elterninitiative organisiert war, sich eine neue Trägerstruktur gab und von der *von Laer Stiftung* übernommen und als Betriebskita der FH und gleichzeitig Forschungs- und Entwicklungskita umgestellt wurde. Mit dem Projekt der *contact zone* Kita wurde nun das Gesamtprojekt in einer Lehrforschung wieder initiiert und die Studierenden befähigt, mittels Interviews und Beobachtungen einen Teil des Projektes – nämlich den, der sich um die Übergangsfragestellungen dreht – wieder aufzunehmen. Die Ergebnisse dieser Vorgänger-Studie dienten als Vorlage für die Neukonzipierung des interdisziplinär angelegten Vorhabens *Die erste Fremde* und ebenfalls für die erste Studierenden-Untersuchung im Masterstudiengang *contact zone Kita,* in der die Eingangszone der Kita und die Übergangsgestaltung in der Kita videografiert und ebenso Eltern interviewt wurden. So konnten wir in unserer darauf aufbauenden künstlerisch-filmischen und rekonstruktiven Erarbeitung der Übergangsthematik auf bestimmte Erkenntnisse zurückgreifen und haben z.B. bewusst Väter und Mütter in die Untersuchung einbezogen, damit sich auch Väter zu ihren Gefühlen und Haltungen zur Betreuung ihres Kleinstkindes äußern konnten, damit auch sie in den Blick geraten, und um und exemplarisch potentielle Veränderungen nach zehn Jahren *U3*-Debatte feststellen zu können. Im nächsten Abschnitt wird eine Fallrekonstruktion aus der videografierten Übergangssituation von der Familie in die Kita mit den Mitteln der Perspektivenübernahme vorgestellt, die mikroanalytisch das Geschehen beim morgendlichen Übergang in die Kita fokussiert und im Rahmen der Lehrforschung vor dem gemeinsamen künstlerisch-rekonstruktiven Projekt anonym erhoben wurde.

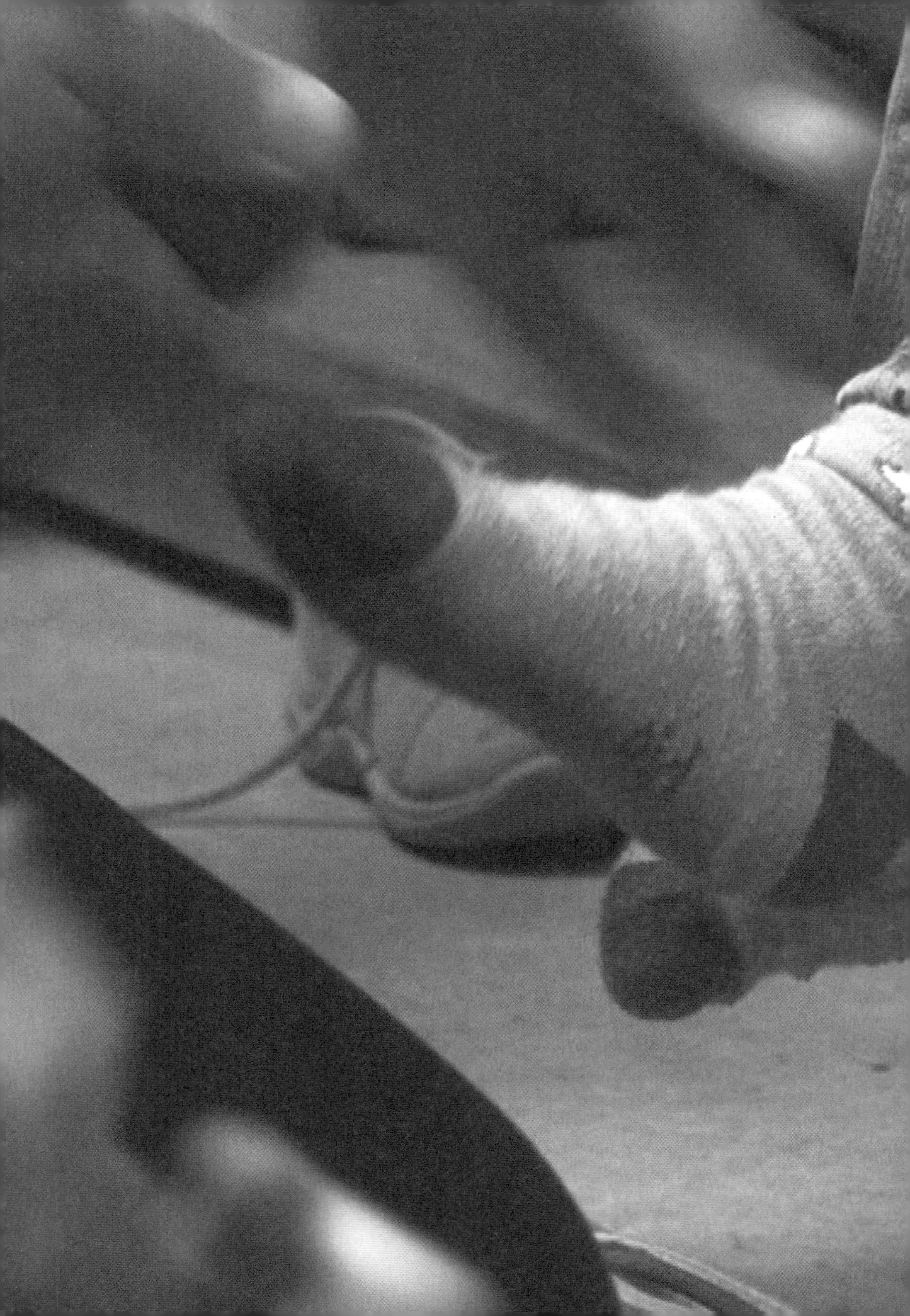

5. CONTACT ZONE KITA: VIDEOANALYSE DES ÜBERGANGS IN DIE KITA

»Es ist ferner eine Eigenthümlichkeit der höheren wissenschaftlichen Anstalten, dass sie die Wissenschaft immer als ein noch nicht ganz aufgelöstes Problem behandeln und daher immer im Forschen bleiben, da die Schule es nur mit fertigen und abgemachten Kenntnissen zu thun hat und lernt. Das Verhältnis zwischen Lehrer und Schüler wird daher durchaus ein anderes als vorher. Der erstere ist nicht für die letzteren, Beide sind für die Wissenschaft da;« (HUMBOLDT 1809/1810: S.2)

5.1. *Forschendes Lernen* und Fallrekonstruktion

Forschendes Lernen im Studium ist ein seit einigen Jahren – vor allem innerhalb der sich professionalisierenden Sozialen Arbeit und der Pädagogik – vielfältig genutzter Ansatz um einerseits mit forschenden Mitteln Themen eigenständig zu erkunden und andererseits, je nach Studiengang, Forschungsverfahren praxisorientiert und selbstständig zu erlernen (vgl. SCHIMPF 2007, GÄRTNER 2007, HANSES 2007). Gemeinsam mit Studierenden Lebenswelten zu erschließen, ermächtigt und ermutigt Studierende, sich mit den eigenen Interessen und Erfahrungen auseinanderzusetzen und sich – entsprechend der für die Lehre verbindlichen Bologna-Vorgabe des ›Shift from teaching to Learning‹ nicht mehr einer Lehre der reinen ›Vermittlung‹ von Wissen aussetzen zu müssen.

5.1.1 Forschendes Lernen

Studierende kommen gerade an Fachhochschulen häufig mit Berufserfahrungen an die Hochschule und müssen in jedem Falle praktische Erfahrungen in Feldern ihres späteren Berufs nachweisen. Auch im Studium selbst sind die Praxisphasen intensiv und ausgiebig, so dass bereits früh Erfahrungen aus dem späteren Berufsfeld vorliegen und häufig auch Fragestellungen generieren, die sie dann – wie RIEMANN es sagt – im späteren Studium nur noch in ›bereinigter‹, »d.h. in einer vom lebensweltlichen Lebenszusammenhang abgespaltenen und verhüllenden Form zur

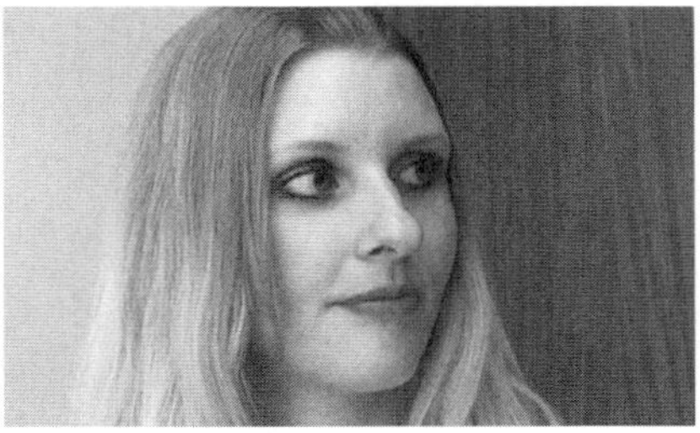

Sprache bringen können; sie werden als Ressourcen und Reflexionsgegenstand ausgeblendet und entwertet, auch wenn sie ›irgendwie‹ weiter wirksam sind« (RIEMANN 2010: S.556). Im Unterschied dazu können Konzepte des forschenden Lernens diese Fragestellungen aufgreifen und somit an den berufsbezogenen Erfahrungen der Studierenden entlang entwickelt werden.

Der Ansatz des forschenden Lernens hat gerade unter den neuen Studienbedingungen im Bologna-Prozess neue Brisanz gewonnen, da hier eigenständiges Lernen und Erkunden sozialer Wirklichkeiten im Mittelpunkt stehen soll. Der Turn vom Lehren zum Lernen ist die zentrale didaktische Idee des Bolognaprozesses. Aktives, selbstständiges Lernen ist in Forschungswerkstätten, einem wirkungsvollen Mittel zur Entwicklung eines forschenden Habitus, seit Jahren erprobt (REIM / RIEMANN 1997, FRIEBERTSHÄUSER 1999).

Hier geht es darum, wie Studierende eigene Forschungsinteressen verfolgen können und wie sie lernen, sich mit sozialen Wirklichkeiten über deren Rekonstruktion auseinanderzusetzen – über die »Befremdung der

eigenen Praxis« (RIEMANN 2004), einem gerade für spätere Praktiker sinnreichen Ansatz, der durch verschiedene Verfahren initiiert werden kann. Forschendes Lernen jedoch funktioniert nur über mehrere Semester hinweg, beinhaltet eine intensive Auseinandersetzung mit einem Themenfeld und den Möglichkeiten empirischer Zugangsweisen und gestaltet sich somit sperrig gegenüber den berufsorientierten Zielsetzungen von Bachelor-Studiengängen. In diesen Kurzzeitstudiengängen ist es auch keineswegs unumstritten, ehemals selbstverständliche wissenschaftliche Grundkompetenzen wie Forschungsmethoden auch weiterhin in die Curricula zu integrieren. Anders gestaltet sich diese Frage in den Masterstudiengängen, in denen Handlungskompetenzen in den eher praxisorientierten oder auch Forschungsmethoden in den wissenschaftlich orientierten Studiengängen vermittelt werden. In der Sozialen Arbeit – wie der Begriff seit der Zusammenführung von Sozialpädagogik und Sozialarbeit aktuell lautet – ist diese Debatte intensiv geführt worden.

5.1.2 Forschung und Intervention

Forschungsverfahren, die gleichzeitig Handlungskompetenzen vermitteln, das Verhältnis von Forschung und Praxis bzw. die Frage nach der Praxiswirksamkeit von Forschung, beschäftigen seit Jahren die Soziale Arbeit und die rekonstruktive Forschung und sind somit Bestandteil der sich professionalisierenden Berufsfelder. Dabei sind zwei Gesichtspunkte zu nennen, die INGRID MIETHE betont: Zum einen ließe sich nicht rekonstruktiv forschen, ohne das Feld zu verändern, und damit auch praxiswirksam und praxisverändernd zu werden. Zum zweiten sei rekonstruktive Forschung als Handlungswissenschaft zu verstehen und damit immer im Spannungsfeld zwischen den beiden unterschiedlichen Logiken von Wissenschaft und beruflicher Praxis angesiedelt (MIETHE 2007: S.10–11). Abgesehen davon, dass der Praxisbegriff in diesen Kontexten nicht sehr schlüssig verwendet wird – auch Forschung ist ›Praxis‹ im Sinne sozialen Handelns – wird in dieser Debatte deutlich, dass rekonstruktive Forschungsverfahren nah an den sozialen Welten der jeweiligen Berufsfelder angesiedelt sind. Diese können so mit unterschiedlichen Fragestellungen und mit den der Fragestellung adäquaten methodischen Herangehensweisen und gleichzeitig in enger Interaktion mit den Beteiligten erforscht werden. Die breite Palette methodischer Vorgehensweisen rekonstruktiver Forschung erweist sich gerade für die Praxisfelder des Sozialen und Pädagogischen als hilfreich, da hier die Komplexität sozialer und pädagogischer Handlungen Verfahren nahe legen, die der *Grounded Theory* (STRAUSS 1998) entlehnt sind. Einflussfaktoren ausschaltende Test- und kriteriengeleitete Verfahren versagen in komplexen Handlungszusammenhängen, da nach deren Wissenschaftsverständnis Komplexität auszuschalten sei. Extern entwickelte, hypothesengeleitete Kriterien werden an eng umgrenzte soziale Wirklichkeiten angelegt, um verfizierbare Ergebnisse zu erhalten. Alles Störende wird ausgeschaltet und das Soziale behandelt als sei es materielle, und keine soziale oder kulturelle Wirklichkeit. Im Unterschied zu diesen Verifizierverfahren, die sinnvoll anzuwenden sind, wo Menschen als Ziffern in differenzierbaren Kategorien auftauchen können (z.B. in der Wahlforschung), oder bei anderen Fragestellungen, in denen es um Häufigkeiten geht, können rekonstruktive Verfahren gleichzeitig mit dem Erkenntnisgewinn praxiswirksam werden, da sie die sozialen Wirklichkeiten mit ihren Forschungsinterventionen verändern und vor allem Zugänge zur sozialen Wirklichkeit durch direkte Interaktion mit den Beteiligten finden.

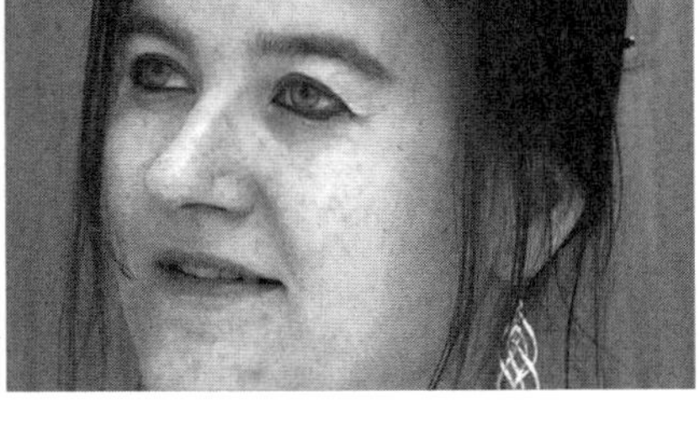

Ein zusätzlicher Vorteil dieser Methoden ist, dass in der Regel auch die Ergebnisse relativ schnell zurückgebunden werden können, vor allem dann, wenn die ›Befremdung‹ vom Feld gelungen ist, die Analysen von Feldbeobachtungen, Transkripten, Videosequenzen etc. sich auf ›Fälle‹, also auf einzelne soziale Handlungsstränge, biografische Verläufe, Szenen, Gruppen, Interaktion beziehen, die für sich genommen bereits Aufschluss geben über die Felder des Sozialen oder auch Pädagogischen, um die es geht.

5.1.3. Historische Bezüge

All diese seit ca. 2000 neu in den Fokus wissenschaftlicher Forschung geratenen, diskutierten und realisierten Arbeiten können auf eine ihrer Traditionen, nämlich die der *Chicagoer School* (RIEMANN 2003) zurückblicken – jenem wissenschaftlichen Schmelztiegel sozialwissenschaftlicher Ansätze, in dem Soziale Arbeit und Sozialwissenschaft in enger Zusammenarbeit vor Ort sowohl Untersuchungsergebnisse produziert als auch konkrete Handlungskonzeptionen zur Veränderung sozialer Wirklichkeiten entwickelt haben. Dieser später auch als soziologischer Ansatz des Symbolischen Interaktionismus bekannt gewordene Diskurszusammenhang ist nicht identisch mit der *Chicago School* der Ökonomie, in der die *Chicago Boys* die neoliberale Wirtschaftspolitik vorgedacht und umgesetzt haben. Die soziologische *Chicago School* geht u. a. zurück auf JOHN DEWEY, ROBERT E. PARK und GEORGE HERBERT MEAD sowie JANE ADDAMS. Wie dann im Laufe der Zeit Soziologie und Soziale Arbeit auseinander gingen, ist weitgehend entschlüsselt (u.a. DEEGAN 1990, SCHÜTZE 1994, RIEMANN 2000), auch dass die damaligen lokalpolitischen Akteure in der Zusammenarbeit mit Wissenschaftlern in der sich etablierenden Profession Möglichkeiten geschaffen haben, die ohne diese Zusammenarbeit nicht denkbar gewesen wären. »Die *Grounded Theory* bietet als Methodologie die Basis für viele Formen rekonstruktiver bzw. qualitativer Forschungsverfahren, sie arbeitet keineswegs theorielos, da Theorie – zumindest auf Mesoebene – aus dem qualitativen Datenmaterial entwickelt wird und auch eingebunden wird in allgemeinere strukturierte Gesellschaftsanalysen« (vgl. u.a. SCHROER / SCHULZE 2010: S.278, MIETHE 2007, S.12). Der

Strang der *Chicago School* ist heute ein Fundus für die sich neu formierende rekonstruktive Forschung, die sich gerade im Feld der Sozialen Arbeit und Sozialpädagogik zu Recht auf diese Tradition bezieht, da in den 20er Jahren des 20. Jahrhunderts Soziale Arbeit und Soziologie ihre Traditionen in engster Zusammenarbeit bzw. Personalunion aufgebaut haben. So hat MARY RICHMOND in ihrer frühen Arbeit mit allein stehenden Müttern und Witwen ihren forschenden Zugang zur Sozialen Arbeit entwickelt, indem sie die Lebens- und Alltagsituation von Müttern erforscht hat« (RICHMOND 1917: S.395–404, S.413–419). Ihre Herangehensweise an die Soziale Arbeit verknüpft von Anbeginn einen forschenden Zugang mit wissenschaftlichen Fragestellungen zur sozialen Lage von Menschen. Sie hebt insbesondere auf die soziale Situation und das Elend von Müttern und Kindern ab. Als Protagonistin der ›angewandten Soziologie‹ lässt sich JANE ADDAMS bezeichnen, die mit ihren urbanen Studien in den 20er Jahren, vor allem den *Hull-House Maps,* die empirische Arbeitsweise der *Chicago School* mit entwickelte, mit den heute zitierten Gründern der *Chicago School* gemeinsam arbeitete, in der Wissenschaftsrezeption aber als Begründerin der Sozialen Arbeit bzw. einer ›angewandten Sozialwissenschaft‹ gilt und m.E. auch Opfer einer ›gegenderten‹ Rezeptionsgeschichte ist, in der die ›echte‹ Wissenschaft, die Theoriebildung nach wie vor Männern zugeschrieben wird und die ebenso wenig wie andere Themenfelder ohne eine Theorie zu geschlechtlichen In- und Exklusionsprozessen in Wissenschaft, Institutionen und alltäglichen Praxen nicht aufgearbeitet werden konnte und kann.

Eine rasante neue Zusammenführung qualitativer Traditionen der Forschungsverfahren in der Soziologie, Erziehungswissenschaft und der Sozialen Arbeit hat sich in den letzten zehn Jahren ereignet (GIEBELER 2006). Dabei ist Soziale Arbeit immer als Zusammenführung von Sozialpädagogik, die aus der pädagogischen Arbeit mit Kindern entstand und der Sozialarbeit, die sich auf soziale Probleme aller Bevölkerungsgruppen spezialisiert hat, zu denken. Gleichzeitig versteht sich die Erziehungswissenschaft und vor allem ihre Subdisziplin der Sozialpädagogik immer mehr als forschungsorientierte Sozialwissenschaft (OTTO u.a. 2003, SCHWEPPE / THOLE 2005), in der die Pädagogik im Anschluss an GRUNERT als Konzeptionen entwickelnde und umsetzende, begleitforschend-evaluierende Praxis verstehen lässt: »Während Pädagogik vor allem mit der pädagogischen Praxis in Verbindung gebracht wird und in erster Linie das Wissen der Praxis bezeichnet, ist Erziehungswissenschaft der Begriff, der das Wissen der Beobachter von Erziehung und Bildung umschreibt und die Entwicklung der Pädagogik zu einer akademischen Disziplin erfasst« (GRUNERT 2006: S.152). Die in den Kitas stattfindende pädagogische Praxis wurde in den 60er bis Anfang der 70er Jahre in den damaligen Professionsdiskurs einbezogen, ging dann aber mit dem Ende der bildungspolitischen Reformära abrupt zu Ende. Zwar wurden die Lehrerberufe aus den pädagogischen Hochschulen teilweise in die Universitäten überführt, berufspolitisch war die Debatte also teilweise für die Lehrerausbildung erfolgreich, eine theoretisch begründete Professionsdebatte fand jedoch nicht statt. Sie erfolgte eher unter standespolitischen Gesichtspunkten (vgl. LÜTDKE 1973). *Sozialpädagogik* wurde zur Subdisziplin der *Erziehungswissenschaft,* gleichzeitig Label der Fachschulen für die Erzieherausbildung und Teilgebiet der *Sozialen Arbeit*.

5.1.4. Fremdheitserfahrung und Fallrekonstruktion

Im eingangs entwickelten Fremdheitsdiskurs wurde gezeigt, wie sich gesellschaftliche Transformationsprozesse durch Globalisierung beschleunigen und dass Fremdheit als sich durchziehende Erfahrungen von Individuen bezeichnet werden kann. Fremdheit ist durch Migration, Transnationalisierungsprozesse und inter- bzw. transkulturelle Neuformierungen von Räumen auf allen Ebenen für postmoderne und postkoloniale Gesellschaften kennzeichnend. Diese so analysierten weltgesellschaftlichen Umstrukturierungen sind zwar je nach Region unterschiedlich, weshalb regionen- und fallspezifisch jeweils neu analysiert werden muss, insgesamt aber dennoch in einem gemeinsamen Prozess befindlich. Professionen, die sich auf das Soziale beziehen, kommen mit allgemeinen Modellen, die für bestimmte Felder anzuwenden wären, nicht mehr aus. Zwar sucht und findet die Soziale Arbeit auch weltweit gemeinsame Positionen und Selbstidentifikationen als Profession (vgl. *ICSSW, International Association of Schools of Social Work und Global Agenda on Social Development and Social Work*). Hier werden gemeinsame Lösungen gesucht, die jedoch in der konkreten jeweils spezifischen Ausprägung der sich heterogenisierenden sozialen Probleme immer neue Lösungen erfordert. Jeder ›Fall‹ wird tendenziell immer mehr zum Spezifikum, generelle Ansätze und Lösungen immer weniger brauchbar, und so liegt es nahe, die Fallrekonstruktion (KRAIMER 2000, GIEBELER u.a. 2007, MIETHE u.a. 2007) als das brauchbarste methodische Instrumentarium für die professionelle Arbeit in sozialen Feldern zu nutzen.

5.1.5. Professionalisierungsstrategien

In der Professionstheorie und Professionsforschung spielen somit auch seit den 90er Jahren zunehmend Rekonstruktionen beruflichen Handelns eine entscheidende Rolle. Es geht nicht mehr darum, ob und wie sich berufliches Handeln als Profession bezeichnen ließe, sondern darum wie sich die Logik professionellen Handelns aus dem beruflichen Handeln heraus rekonstruktiv erschließen lässt. Für die Soziale Arbeit und die Pädagogik haben sich daraus verschiedene empirische Arbeiten entwickelt, die professionstheoretische Überlegungen im Kontext von Machtkämpfen zwischen den unterschiedlichen Repräsentanten in einem bestimmten politischen Feld im Sinne BOURDIEUS referieren. Aus allen theoretisch-soziologischen Ansätzen heraus verweisen z.B. HELSPER / KRÜGER / RABE-KLEBERG (2000: S.6–8) auf systemtheoretische, strukturtheoretische und interaktionistische Rahmenbezüge und ›weisen mit unterschiedlicher Begrifflichkeit auf den »Strukturkern professionellen Handelns hin, das durch Riskanz, Ungewissheit, paradoxe oder antinomische Anforderungen, Fehleranfälligkeit und eine spezifische Strukturlogik gekennzeichnet ist.« (HELSPER u.a. 2000: S.9)

Genau dies findet auch im umkämpften politischen Feld der Bildung und Erziehung der Unter-Dreijährigen statt. Professionalisierungsprozessen innerhalb des Feldes Bildung und Erziehung im Kindesalter bleiben diese Ungewissheiten erhalten. Kein Kind lässt sich schematisch mit anderen ›gleich‹ behandeln, noch weniger die Eltern, die zunehmend aus sich heterogenisierten Lebenswelten kommen und die unterschiedlichsten Gewohnheiten und Alltagsvollzüge gestalten. Die häufig als selbstverständlich angenommenen Normalitätsvorstellungen von Alltag wie z.B. Pünktlichkeit, Bekleidungsformen, Gesprächsgewohnheiten etc. sind obsolet geworden. Mit den Transformationsprozessen von Gesellschaft und den reagierenden bildungspolitischen Vorgaben und Überlegungen, Konzepten und Anforderungen an Kindertageseinrichtungen – wie vor allem die Einbindung von Elternberatung und Elternbildung in die Kita – werden professionsorientierte Handlungskompetenzen dringlich und es erscheint zunehmend sinnvoll, eine Fallarbeit und Fallanalyse umfassende (GIEBELER 2007: S.13), selbst- und fallreflexiv arbeitende ›Rekonstruktion‹ mit ›den‹ Bildungs- und Erziehungsprozessen in der Kindheit umzusetzen. Damit ›wird‹ die Fallrekonstruktion als wissenschaftliche Zugangsweise zum Erkenntnisgewinn auch in pädagogischen Kontexten der Unter-Dreijährigen-Betreuung ›relevant‹.

5.2. Videografie in der Eingangszone Kita – Vorgehensweisen

Die Fragestellung des Projektes war: Was geschieht in der Kontaktzone des Eingangs, wenn die Kinder in die Welt der Kita treten, wie verhalten sich die beteiligten Erwachsenen? Wie wird der Raum des Eingangsbereichs von wem genutzt? Welche Interaktionen finden statt? Die Entscheidung zu videografieren war die Konsequenz aus der Komplexität der Fragestellung: Interaktionsabläufe, Raumbeziehungen, nonverbale Kommunikation zwischen allen Akteuren sollten systematisch festgehalten und mit den Mitteln der Rekonstruktion interpretiert werden. In der Kindheitsforschung hat sich Videografie als ein Erhebungsverfahren etabliert, da das Bild auch nicht-sprachliche Kontexte erschließt und gleichzeitig – im Unterschied zu fotografischem Material – auch Bewegungsabläufe und Interaktionen festhält. Videografie bietet sich vor allem bei Kleinstkindern, mit denen sprachlich kognitiv nicht gearbeitet werden kann und für Fragestellungen an, die sich mit Konstellationen – also Beziehungen zwischen verschiedenen ›Standorten‹ befassen. So werden alle Studien zur Eingewöhnung auch mit filmischem Material erhoben und anschließend teilweise als Lehrmaterialien weiter verwandt. Auffällig war bei der Betrachtung und Analyse der vorliegenden Filme, dass die Kameraführung häufig ausschließlich aus der Perspektive der Beobachter die soziale Wirklichkeit zeigt. D.h. die Perspektive der Kameramänner

oder -frauen blieb – trotz z.B. bei ELISABETH MOHNS ambitionierter ethnografischer Videografie in Kindertageseinrichtungen – ein Blickwinkel von ›oben herab‹. Mit dem methodischen Ansatz, sich sozialen Wirklichkeiten über Perspektivenwechsel zu nähern, bot sich gerade für die Fragestellung nach Macht und Raum innerhalb der Institution Kita an, die Kameraführung auf Augenhöhe der jeweiligen Akteure anzusiedeln. In diesem Teil des Projektes mit den Studierenden ging es theoretisch um die Konstellationen von Macht, Raum und Zeit innerhalb der Übergangsphase, des alltäglichen Eintritts des Kindes in die Kita.

Die im Folgenden dargestellte Videoanalyse bezieht sich auf zwei unterschiedliche Interaktionsszenarien:

→ Das Feld des Objekt- und Untersuchungsbereichs – also auf den Gegenstandsbereich des zu untersuchenden Feldes
→ Das Feld der eigenen Untersuchungs- und Interpretationsaktivität – also auf die Reflexion der eigenen studentischen Interpretationsleistungen innerhalb der Forschungsgruppe, um durch das Interpretationsszenarium der ›Forschungswerkstatt‹ subjektive Fehlinterpretationen zu steuern.

Der theoretische Hintergrund einer jeden rekonstruktiven Sozialanalyse in Interaktionsfeldstudien ist, dass die Akteure der Sozial- / Lebenswelt den gleichen Strukturierungsprinzipien unterliegen wie die Forscher, die diese Prozesse untersuchen und die Beobachter der Forschung selbst wiederum ebenfalls die gleichen Operationen benutzen. Das sich dahinter verbergende zentrale Strukturierungsprinzip sozialer Wirklichkeiten ist die Zeitstruktur von Wirklichkeit, die (bislang) unumkehrbare Ordnung von Handlungsvollzügen. Zeit ist nicht umkehrbar, die Beobachtung ist zeitlich gebunden und wird zur Verdichtung sozialer Wirklichkeit durch ihre Distanzierung vom zeitlichen Ablauf der Handlungsvollzüge. Erst durch die Aufzeichnung und die damit ermöglichte zeitliche Differenz zum Beobachteten oder zur Interviewsituation kann das so entstandene Material verdichtet gelesen und interpretiert, können verschiedene Lesarten einer beobachteten Situation zugelassen und anhand des zeitlich weiteren Verlaufs des Interviews oder der Beobachtung paraphrasiert, strukturanalytisch betrachtet, sprachanalytisch oder inhaltsanalytisch falsifiziert oder verifiziert werden. Diese ›Materialerzeugung‹ durch Interview- oder Beobachtungstechniken erfolgt in der Regel in ›natürlichen Situationen‹, in denen – abgesehen von der Veränderung, die durch jede Forschungsintervention geschieht – die jeweilige soziale Wirklichkeit abgebildet wird. In Ausnahmen kann es auch künstliche Situationen geben, in denen Interaktionsverläufe durch bestimmte Verfahrensweisen erhoben werden, z.B. ›moderierte‹ Gruppendiskussionen (vgl. DITTRICH / GIEBELER 2002).

Konkret wurden folgende Aufnahmeweisen verwendet:

→ Statische Aufnahme (lange Einstellungen, Bildtotale, wenige Schwenks, kein Zoom, keine Kamerafahrten oder -bewegungen auf der Höhe der Kinder), da damit so wenig Bedeutungsakzentuierungen wie möglich erfolgen.

→ Kamerafahrten zur direkten Nachzeichnung kindlicher Interaktion mit Eltern und Erziehern als zweite Kameraführung. Diese steht auf der räumlichen Ebene des Kindes; seine Perspektive wird, auch wenn es z.B. auf dem Arm der Bezugsperson ist so dicht wie möglich nachgezeichnet.

→ Beobachtung der Beobachter durch schriftliche Aufzeichnungen oder Videografien, die das Videografieren selbst beobachten (vgl. TEDLOCK 1991, TRINH MINH-HA 1989 und GIEBELER 2007).

Das gefilmte Rohmaterial wird in nicht veränderter Reihenfolge montiert, in eine handhabbare, abspielfähige Reihenfolge gebracht und in Einheiten / Segmenten von wenigen Minuten, die zu Bearbeitungssequenzen geschnitten werden, verarbeitet (Clips von 20–30 Sekunden). Dabei werden Bild- und Tonkanal getrennt übertragen, so dass in der Folge Bild- und Tonmaterial auch getrennt bearbeitet werden konnte. Die sprachlichen Handlungen werden nach den gängigen Transkriptionssystemen in ein Schriftstück übersetzt.

Es entstehen also zwei voneinander zu trennende Analysestränge: 1. Die visuelle Rekonstruktion. 2. Die sprachliche Rekonstruktion, um dann anschließend beide in der rekonstruktiven Analyse zusammenzuführen.

Die Ergebnisse werden durch theoretische und weiterführende Diskurse kontextualisiert, z. B. in diesem Fall im Kontext der *contact zone*-These, zur Übergangsthematik Familie-Institution, zur Trennungserfahrung und Bindungstheorie, zu *CARE*-Regimes, Mutterschaft und Peers. Eine besondere Herausforderung bildet die anschließende Veröffentlichung und Präsentation, da Bildanalysen Textformen erfordern, die in Buchform nur unzureichend gelingen, da die Ablaufstrukturen ohne das sich bewegende Material nicht nachvollzogen werden können. So analysiert JUTTA MÜLLER z.B. die Biografie und den videografierten Interaktionsprozess zwischen Coach und Adressat der Beratung und führt in kleinteiliger Analyse beide getrennte Stränge wieder zusammen. Ganz anders allerdings arbeitet ELISABETH MOHN (MOHN / AMMAN 1998 und MOHN 2008) mit kameraethnografischer Vorgehensweise im Anschluss an die visuelle Ethnografie und GEERTZ *Dichte Beschreibungen* (GEERTZ 1991/1983). Ihr geht es um Verdichtungen mit dem Kameraauge, um subjektive Kameraführung – ähnlich den Interpretationsverdichtungen durch die subjektive Brille eines CLIFFORD GEERTZ, indem sie sich auf Mikroebenen der Analysen bezieht, z.B. das ›Melden der Kinder in der Schule‹, die nicht ›drangenommen‹ werden. Ebenso wie sich in der Soziologie viele ›Rekonstruktive‹ auf die *Chicago School* beziehen, ist der Ansatzpunkt der Ethnologie oder Anthropologie methodisch auf GEERTZ bezogen. KNOBLAUCH dagegen sieht in der ›Fokussierung‹ ethnografischen Materials den soziologischem Ansatzpunkt und wirft einen kritischen Blick auf die seiner Meinung nach derzeit »dominante Methodologie der *Grounded Theory*« (GLASER / STRAUSS 1967) und formuliert: »So bedeutsam nämlich auch eine sensible Offenheit für die empirischen Phänomene ist, müssen sich dazu die Leitbegrifflichkeiten und zentralen Fragestellungen der Ethnographie an der soziologischen Theorie orientieren.« (KNOBLAUCH 2001: S.138) In etlichen rekonstruktiven Konzepten wird davon ausgegangen, dass die Empirie für sich spreche, theoretische Einbettungen nicht sinnvoll oder überflüssig seien, denn die Theorie werde schließlich aus dem Material gewonnen. Ohne Kenntnis theoretischer Stränge – gleich welcher sozialwissenschaftlicher Couleur allerdings – fehlen m.A.n. auch der empirisch gewonnenen Theorie zum jeweiligen Feld Begriffe, Systematik, Zugänge zu neuen Perspektiven, der Diskurs. Schließlich kann es bei der Erforschung sozialer Wirklichkeiten nicht um die Erforschung des Falls allein gehen, sondern erst die Einordnung in theoretische Stränge der sozialwissenschaftlichen Diskurse bindet die Empirie zurück an Verstehens- oder Erklärungsprozesse für das, was im jeweiligen Feld erhoben wurde.

In diesem Projekt wird nun beides verfolgt: die neueren Theorien zu den Transformationsprozessen gesellschaftlicher Verfasstheit werden rezipiert, Begriffe und Erkenntnisse aufgegriffen und in einem ›Verständnis‹ von Fremdheit als durchgängigem Prinzip der ›Post‹-Reorganisation von Gesellschaft ›zusammengeführt‹. Tief greifende Transformationsprozesse, die auch die Reorganisation von Familie und Elternschaft erzwingen, bis hinein in die kleinteilige Mikrowelt der Kita, der frühen Institutionalisierung von Kindheit und einer verkürzten Mutterschaft unter Bedingungen neuer Elternschaft, ›konstituieren, werden mikroanalytisch nachgezeichnet.‹

Für diese Herangehensweise bieten sich rekonstruktive, aber auch experimentelle Verfahren an wie z.B. die Verknüpfung von künstlerischen, medialen und wissenschaftlichen Textformen. Die Frage der Krise des ›ethnografischen Repräsentationsdiskurses‹ (FUCHS / BERG 1993) und wie und mit welcher Darstellungsform das, was wahrgenommen und interpretiert wird, dargestellt werden kann und wie diese Darstellung wiederum zurückwirkt auf die Felder der Betrachtung, wird seitdem auf verschiedene Weise neu beantwortet. Unser Projekt – *Die erste Fremde* ist als ein Versuch in diese Richtung zu werten und repräsentiert in der medialen und Kunstwelt etwas, das sich zu Kindheiten und dem Sozialen transversal verhält.

5.3. Videografie der Eingangszone Kita – Ergebnisse

Studierende haben an zwei Tagen den Eingangsbereich einer Kita videografiert und diese Videos fokussiert auf die Interaktionen im Raum hin untersucht.

Das Analysematerial sollte zu jedem Termin durch zwei Videoaufzeichnungen erstellt werden – einmal durch eine Standkameraaufzeichnung im Eingangsbereich und zum zweiten durch eine auf eine die Interaktionsszenen im Gruppenraum verfolgende Video-Aufnahme. Eine dritte Person sollte die Gesamtszenen beobachtend begleiten – entweder durch schriftliche Aufzeichnungen oder ebenfalls durch den Einsatz einer Videokamera. Alle aufgezeichneten Sequenzen wurden bearbeitet und einige konnten in der Gruppe genauer analysiert werden. Gleichzeitig hat ein Teil der Gruppe mit Eltern Interviews zur morgendlichen Übergabe und zum Übergang in die Kita durchgeführt.

Neben einer Vielzahl transkribierter Texte und Bildsequenzieller Auswertungen entstand auch folgende Beschreibung einer Videosequenz, die im Folgenden als Grundlage dient, um einen Einblick in den Mikrokosmos der Interaktionsdynamik des morgendlichen Übergangs in die Kita zu geben.

5.3.1 Kontextualisierung des Aufnahme-Settings

Es geht um die Szene des Ankommens eines kleinen Jungen mit seiner Bezugsperson, im Weiteren ›Mutter‹ genannt, in einer Kita. Es wurden zwei Kameras eingesetzt, die eine fing das Standbild aus der Perspektive auf Augenhöhe der Kinder ein, die andere sollte mit dem Kind

›laufen‹. Die Kameras wurden jeweils von einer Person bedient. Eine dritte Person war Beobachter der Beobachter und dokumentierte teilnehmend beobachtend einzelne Ereignisse.

5.3.2. Beschreibung der Örtlichkeit

Die Kindertagesstätte teilt sich in folgende zwei Bereiche auf. Vom vorderen Bereich, der sich direkt am Eingang befindet, geht ein langer Flur ab, in dem sich zwei Garderoben befinden. In diesen sind jeweils eine Eckbank sowie einzelne Fächer darüber zu sehen. An den Garderobenhaken hängen verschiedene Kleidungsstücke. Die Fächer sind ebenfalls mit diversen Gegenständen gefüllt. Unter den Sitzbänken stehen vereinzelt Schuhe und Stiefel. Von dem langen Flur gehen weitere Räume ab, unter anderem eine Küche, ein Abstellraum, ein WC, Büroräume und zwei Gruppenräume. Die Wände der Kita sind in einem gelben Farbton gestrichen, der Fußboden besteht aus einem grau-braunen PVC-Belag. Es hängen vereinzelt Collagen und Bilder an den Wänden.

Die erste Kamera befindet sich im Eingangsbereich, mit Blick auf die erste Garderobe sowie auf den Übergang in den ersten Gruppenraum.

5.3.3. Beschreibung des Gruppenraums

Neben der geschlossenen Eingangstür befinden sich auf der rechten Seite ein Schrank und eine Bauecke. Ebenfalls an der Fensterfront steht ein großer Tisch. In dem Raum befinden sich zudem eine Leseecke und weitere Tische. Eine Tür führt zu dem zweiten Gruppenraum. Die Tür ist geöffnet. Im vorderen Gruppenraum, den der Junge und die Mutter betreten, befinden sich zu dieser Zeit vier Kinder. Zwei spielen in der Bauecke und zwei weitere lassen sich in der Leseecke ein Buch von einer Erzieherin vorlesen.

Die zweite Kamera wird in diesem Gruppenraum so positioniert, dass sich der Eingangsbereich auf der rechten Seite und eine Bauecke rechts neben diesem befinden. Eine Kommode dient als Raumteiler. Daneben ist ein runder Tisch platziert. Die gegenüberliegende Seite der Kameraposition, besteht aus einer Fensterfront. Links von der Kamera befindet sich eine Leseecke, auf der ein paar Bücher verteilt liegen. Ebenfalls links von der Kamera ist ein weiterer runder Tisch zu sehen. Ein kleiner Flur trennt den ersten Gruppenraum von dem zweiten. Dieser Flur ist zwischen Leseecke und dem ersten runden Tisch zu sehen. Im gesamten Kitabereich herrschen gedämpfte Lichtverhältnisse.

5.3.4. Übergangsgestaltung in der Kita

Die folgende Fokussierung der Beobachtung bezieht sich auf die Interaktionsprozesse während der Übergangssituation in der Kita zwischen dem Kind, das ich CHRIS nenne, und einer Bezugsperson, die das Kind in die Kita bringt und sich in der Interaktion ›mutternd‹ verhält, weshalb ich sie im weiteren als Mutter bezeichne, obwohl wir nicht wissen, ob sie die leibliche Mutter, eine soziale Mutter oder Adoptivmutter, eine gute Bekannte oder eine Verwandte ist. Weiterhin sind die Hauptakteure ein Erzieher, zwei Jungen in der Bauecke und ein Mädchen in der Leseecke. Der Bericht wurde der Lesbarkeit halber gekürzt und leicht korrigiert. Szenen, die die Aufnahmesituation spiegeln, wie z.B. der Blick in die Kamera, werden hier nicht weiter dargestellt und ausgearbeitet.

Ankommen im Eingangsbereich

Ein Junge und eine Mutter betreten die Kindertagesstätte. Der lange Flur führt direkt zur ersten Garderobe, die an den ersten Gruppenraum grenzt. Sie gehen den Flur entlang und stoppen an der ersten Garderobe. Der Junge trägt einen schwarz-gelben Schneeanzug und eine bunt gestreifte Mütze. Die Mutter ist mit einer Jeans und einer braunen Jacke bekleidet. Der Junge CHRIS betritt den Flur, ohne mit der Mutter in Berührung zu sein. Die Mutter und eine Erzieherin begrüßen sich: »Guten Morgen«. Die Mutter geht vor dem Jungen her. Er trottet hinter ihr her. Die Mutter hält ein Buch in ihren Händen. An der Garderobe angekommen, legt sie das Buch in ein Fach über den Bänken und Kleiderhaken, an denen einige Jacken hängen. Dann wühlt sie in einem kleinen Rucksack und legt weitere Sachen in das Fach. Die Mutter hängt den kleinen Rucksack an den Haken über seinem Kopf. CHRIS beobachtet die Kamera. Die Mutter nimmt ihm wortlos die Mütze ab und streicht ihm einmal durch seine blonden Haare. Sie holt ein paar Dinge aus dem Fach über seinem Kopf, geht vor ihm in die Hocke und fragt: »So, wollen wir dich mal daraus schälen?« Der Junge betrachtet weiterhin kommentarlos die Kamera. Erst als die Mutter ein leichtes Lachen zeigt, wendet der Junge seinen Blick auf sie. Sie zieht ihm die Schuhe und seinen Schneeanzug aus und entfernt seinen Schal. Der Junge ist hierbei passiv. Er stellt sich lediglich einmal hin. Seinen Blick wendet er zeitweilig auf seine Schuhe, mal auf seinen Schneeanzug und mal auf die Kamera. Die Mutter guckt er wenig an. Zwischendurch stellt diese sich hin und legt die ausgezogenen Sachen in das Fach über seinem Kopf. Die Mutter spricht während der Auszieh-Situation kaum mit dem Jungen. Der Junge spricht kein Wort. Sie hängt schließlich auch seinen Schneeanzug an den Haken und sagt mit einem fragenden Unterton: »Ist hier immer alles so voll gepackt, hm?« Der Junge sagt in schwer verständlichen Worten: »Bäh, ist das nass« und zeigt auf seine Strumpfhose. Die Mutter antwortet: »Hm, komm her, wir machen da schnell was drauf. Klar, wenn du durch den Schnee gelaufen bist, ist das nun mal alles nass, ne?« Der Junge legt seine Füße auf die Oberschenkel der Mutter und diese zieht ihm eine hellblaue Hose über seine Strumpfhose. Der Junge und die Mutter haben dabei immer wieder Blickkontakt. Die Mutter sagt: »Jetzt bekommst du noch Puschen an, dann bekommst du keine kalten Füße mehr.« Der Junge ist wieder passiv. Die Mutter zieht ihm Puschen an. Als die Mutter mit dem Aus- und Anziehen des Jungen fertig ist, richtet sie sich wieder auf, fasst ihm dabei an seine beiden Schultern und nimmt dann ein Buch aus seinem Fach und fragt: »Möchtest du das Buch mit rein nehmen?« Der Junge reagiert zunächst nicht. Erst als die Mutter ihm das Buch vor die Augen hält und sich zu ihm runter beugt, sieht er das Buch an. Sie fragt noch mal und fügt hinzu: »Oder soll das im Fach bleiben?« Der Junge lehnt das Buch ab und die Mutter legt es zurück ins Fach. Er guckt sie schließlich direkt an und klopft ihr auf den Bauch. Die Mutter nimmt seine Hand und führt ihn in die Gruppe. Sie kommentiert: »Ab in die Gruppe« Immer noch an ihrer Hand geführt, hilft er ihr beim Öffnen der Gruppentür. Sie betreten den Gruppenraum. Dieser wirkt groß, hell und freundlich.

Ankommen im Gruppenraum

Als der Junge und die Mutter den Gruppenraum betreten, werden sie von einem Erzieher empfangen. Die Mutter nimmt Kontakt zu ihm auf. Sie reden und lachen kurz. Über was sie sprechen, ist aufgrund der Lautstärke im Raum nicht zu ermitteln. Die Mutter beugt sich schließlich zu CHRIS runter. Er streckt seine Arme nach oben und sie nimmt ihn auf den Arm. Zwei Jungen in der Bauecke fordern den Erzieher auf, sich etwas anzugucken. Auch der Junge und die Mutter drehen sich zu den beiden Jungen um. Der Erzieher und die Jungen unterhalten sich. Er bleibt dabei jedoch neben dem Jungen und der Mutter stehen. Die Mutter spricht CHRIS an und kommentiert die Bauwerke der beiden Jungen. Der Junge hält dabei Blickkontakt zu der Mutter und schweigt. Dann drehen sich beide wieder zu den Jungen hin. Sie spricht ihn erneut an und weist auf andere Sachen im Raum hin. Der Erzieher guckt währenddessen CHRIS an, der den Blick nicht erwidert. Er streicht ihm mit seinem Zeigefinger über den Rücken. CHRIS reagiert nicht. Schließlich legt er seinen Kopf auf die Schulter der Mutter. Sie kommentiert dieses mit einem lang gezogenen: »Ohhh«. Die Jungen verlassen die Bauecke. Die Mutter spricht mit CHRIS und schlägt ihm Dinge vor, die er tun könnte. Er legt seinen Kopf erneut auf ihre Schulter. Sie lacht sanft und gibt ihm einen Kuss auf die

Wange. Der Erzieher sucht den Blickkontakt, doch CHRIS reagiert nicht. Die Mutter lässt ihn schließlich auf den Boden zurück. CHRIS behält sie an der Hand. Sie schlägt ihm erneut vor, sein Buch zu holen und fragt: »Soll ich das holen oder wollen wir das zusammen holen?« Er antwortet nicht, hält die Hand der Mutter jedoch weiterhin im Griff und geht mit ihr zusammen aus dem Gruppenraum.

Nach einigen Sekunden kommen sie wieder in den Gruppenraum hinein. CHRIS zeigt dem Erzieher sein Buch und fragt: »Hast du wieder die Lupe da?« Dieser kommentiert: »Ach, dein Baustellenbuch«. Die Mutter geht vor ihm in die Hocke. Im selben Moment kommt ein Mädchen auf den Erzieher zugerannt, hält ebenfalls ein Buch in der Hand und sagt: »Das können wir danach.« Die Blicke des Erziehers schwanken zwischen dem Jungen und dem Mädchen hin und her. Er gibt dem Mädchen eine kurze Antwort. Die Mutter hockt immer noch vor dem Jungen und sagt: »Tschüss CHRIS«. Der Junge reagiert nicht und zeigt stattdessen dem Erzieher noch mal sein Buch und sagt: »Weißt du was, hier ist wieder die Lupe drin.« Die Mutter sagt noch mal: »Tschüss Großer.« Dieser reagiert immer noch nicht auf sie, weder verbal noch nonverbal, und nimmt stattdessen sein Buch und geht in die Bücherecke. Der Erzieher spricht noch kurz mit dem Mädchen. Die Mutter steht auf und sagt: »Tschüss, bis später«, guckt den Jungen an und winkt. Dieser dreht sich jedoch auch dieses Mal nicht um. Daraufhin winkt die Mutter ab und geht einen Schritt Richtung Tür. Der Erzieher lacht kurz leise auf und geht dann mit CHRIS und dem Mädchen Richtung Leseecke. Dann dreht sich die Mutter noch einmal um und spricht den Erzieher noch einmal an. Sie fragt ihn etwas über den vorherigen Tag und bittet ihn darum, CHRIS an diesem Tag nicht schlafen zu legen und wenn dann nur kurz, da er abends sonst nicht schlafen könne. Sie gestikuliert dabei mit ihren Händen. Der Erzieher nickt. Die Mutter bedankt und verabschiedet sich erneut und verlässt schließlich den Gruppenraum. Der Erzieher geht zu den beiden Kindern in die Leseecke.

Aus den jeweilig getrennt im Sekundentakt analysierten Videoaufzeichnungen und Sprachtranskripten werden Hypothesen zur Szene gebildet, die anschließend im Laufe der Text- und Bildanalyse bestätigt oder verworfen werden.

5.3.5. Bewältigungsstrategien der Beteiligten im alltäglichen Übergang Familie – Kita

Die eben beschriebene Sequenz macht deutlich, wie viele Herausforderungen ein gelingender Übergang in die Kita mit sich bringen kann. Alle Beteiligten interagieren, um den Übergang zu ›schaffen‹ und setzten unterschiedliche Strategien ein, damit es gelingt.

CHRIS scheint bewusst zu sein, dass er hier in der Kita bleiben soll und sein innerer Prozess, bis seine Mutter gehen kann, wird dadurch deutlich, dass er zunächst ihre Hand hält, sie nicht loslässt, erst nicht auf Ansprachen reagiert und keine Anteilnahme an Spielen zeigt. Er lässt sich ausziehen, scheint wenig beteiligt, lehnt zunächst ab, sein Buch mit in den Gruppenraum zu nehmen. Gleichzeitig deuten mehrere Aktivitäten darauf, dass er aktiv den Prozess des Ankommens gestaltet: Er öffnet die Tür zum Gruppenraum, er holt sein Buch, er spricht den Erzieher auf die Lupe an, er geht mit dem Mädchen und dem Erzieher in die Leseecke.

Seine Mutter bietet ihm Körperkontakt und Ansprache. Sie kommentiert das Ausziehen, sie nimmt seine Füße auf ihren Schoß, sie fasst ihn an den Schultern, sie nimmt ihn an die Hand und auf den Arm, spricht ihn immer wieder an, bietet ihre Schulter, küsst ihn auf die Wange. Sie verweist auf die anderen Kinder, kommentiert deren Bauwerke und bildet somit Wege der Vernetzung aller Beteiligten im Gruppenraum. Sie bindet den Erzieher ein, nimmt aktiv Kontakt mit ihm auf, lacht und redet mit ihm, holt mit ihrem Sohn zusammen das Buch, das er zunächst nicht mitnehmen wollte. Sie verabschiedet sich aktiv von ihrem Sohn, als dieser mit dem Erzieher und dem Mädchen in die Leseecke geht, um dann doch gemeinsam mit dem Erzieher sein Buch mit der Lupe anzusehen. Sie verabschiedet sich mehrfach bis sie schließlich die Übergangssituation mit dem letzten Gruß beendet: »Tschüss Großer.« CHRIS bleibt in der Kita, hat sich gelöst von der Hand der Mutter, geht mit dem Erzieher und dem Mädchen in die Leseecke und wird so zum ›Großen‹. Damit ist der Übergang bewältigt, sie spricht den Erzieher auf eine Frage an, die sie beschäftigt: ihr Sohn soll nicht in der Kita schlafen, damit er abends zu Hause einschlafen kann.

Der Erzieher begrüßt Mutter und CHRIS, er lacht mit ihr, er bleibt bei dem Jungen und seiner Mutter stehen, obwohl andere Kinder ihn ansprechen, er sucht den Blick des Jungen, nimmt Körperkontakt auf, indem er ihm über den Rücken streicht, reagiert sofort als der Junge ihn anspricht, obwohl er von dem Mädchen gleichzeitig angesprochen wird, und nimmt ihn und das Mädchen mit in die Leseecke. Auf die Anfrage der Mutter, CHRIS mittags nicht schlafen zu legen, reagiert er zustimmend.

Die Kinder scheinen zunächst nicht auf CHRIS zu reagieren. Sie holen den Erzieher zu sich heran, der jedoch in der Nähe zu CHRIS bleibt. Die Mutter von CHRIS kommentiert die Bauwerke, als wolle sie darüber CHRIS einbinden. Von den beiden Jungen kommt jedoch keine Reaktion in Richtung zu CHRIS. CHRIS sucht vielmehr auf dem Arm der Mutter noch mehr Nähe, indem er seinen Kopf an ihre Schulter legt. Das Mädchen kommt jedoch sofort herbei, als es CHRIS Buch sieht und möchte auch lesen, meldet ihren Anspruch auf das Lesen ihres Buches an.

Alle Beteiligten haben in der Übergangssituation eine Reihe von Herausforderungen zu bewältigen, um diese für das Kind gelingend zu gestalten. CHRIS selbst hat die Herausforderung zu bewältigen, die Ambivalenz von Sicherheitssuche bei der Mutter und der Gewohnheit, in die Kita zu gehen auszuhalten, und in die Richtung zu lösen, in der er sie lösen muss: Er wird den Tag in der Kita verbringen. Es geht für ihn darum, den ›richtigen‹ Zeitpunkt zu bestimmen, damit ihm dieser Tag gelingen kann. Sein Mittel ist das der inneren Lösung, ohne sich zu verabschieden. Einen Abschied, wie ihn die Mutter möchte oder braucht, bzw. wie es das Abschiedsritual vorsieht, d.h. ein Abschied im aktiv gestalteten Einvernehmen von beiden Beteiligen, gibt es nicht. CHRIS wendet sich dem Erzieher zu und lässt die Mutter hinter sich. Auch das Mädchen ist da und begleitet ihn in den inneren Raum der Kita hinein. CHRIS hat nun ein Mädchen an seiner Seite und den Erzieher, mit dem er das Lupen-Baustellenbuch ansehen wird. Die Mutter ist ab diesem Moment ›nicht mehr da‹, ist weg aus seinem Beziehungsfeld Kita, das er nun betreten hat, um dort gemeinsam mit den anderen zu sein.

In der Kontaktzone Kita, im Eingangsbereich und im Übergang wird eine Situation gestaltet, deren Ausgang festgelegt ist. Das Kind wird in der Kita bleiben und alle Beteiligten tragen dazu bei, dass genau das ermöglicht wird. Das Mädchen spielt vielleicht die wichtigste Rolle – sie holt CHRIS herein, auch wenn sie ihre eigenen Interessen deutlich markiert – nämlich ein anderes Buch zu lesen. Sie bietet Zugehörigkeit ebenso wie der Erzieher und bereitet den Weg, die fremde Kita als vertraute Zone spüren zu lernen. Fremdheit und Vertrautheit werden hier im Mikrokosmos der Interaktionsgestaltung in einer Machtkonstellation bereits zuvor getroffener Entscheidungen realisiert. Für die Institution wie die Begleitperson steht die Entscheidung fest: das Kind wird den Tag in der Kita verbringen. Auch CHRIS weiß das. Für die Begleitperson wie den Erzieher entsteht eine strukturelle Ambivalenz in der Beziehung: Das Kind soll in der Gruppe bleiben, alle Beteiligten scheinen zu wissen, dass die Zeit und die Art der Situationsgestaltung im Kontakt und Raum die entscheidende Komponente für eine ›friedliche‹ Lösung des täglichen Übergangs ist. Zunächst will CHRIS die Vertrautheit der Begleitperson nicht gegen die Begegnung mit der unvertraut erscheinenden Kita- und Gruppenrealität eintauschen. Auch wenn CHRIS die Kita kennt, seit etlichen Monaten dort ist, gestaltet er den Übergang nicht selbstläufig, sondern in enger Anbindung an die Mutter. Alle Beteiligten scheinen zu wissen, dass er etwas braucht, damit er die im Mikrokosmos der Interaktionen und im Raum erlebte Fremdheitserfahrung beim Übergang in die Kita bewältigen kann.

Er hält zunächst an der Mutter als vertrauter, Sicherheit gebender Person fest, um dann auf das von Beginn an stehende Angebot eingehen zu können: sich mit seinem mitgebrachten Buch, der darin enthaltenen Lupe befassen zu können. Die Annäherung des Mädchens und die Präsenz des Erziehers ermöglichen diese Hinwendung, er lässt die Mutter los.

Für die Mutter allerdings bleibt der Abschied unvollständig. Für CHRIS ist die Situation abgeschlossen, er geht mit anderen Menschen und dem Objekt seines Interesses in den gestalteten Raum, den Leseraum und ist damit ›drin‹, er ist in der Kita angekommen. Die Mutter aber sucht ein Abschiedsritual, möchte den Blick, den Abschluss auch für sie, doch dann gibt sie auf und beendet selbst innerlich die Situation. Diesen Wunsch erfüllt der Junge nicht, er ist angekommen, eine weitere Verabschiedung gibt es nicht. Auch für die Mutter ist der Übergang dann vollzogen. Sie winkt ab und wendet sich einer anderen Fragestellung zu: einem Strukturproblem zwischen Kitawelt und Familienwelt. Ihre Vorstellungen von der Tagesgestaltung imaginieren einen Abend zu Hause, an dem ihr Kind früh schläft. Sie weiß, dass dies nicht der Fall sein wird, wenn CHRIS mittags in der Kita schläft. Der Erzieher stimmt in dieser Situation zu. Ob sich die Vorstellungen der Mutter erfüllen oder aber das Kind mittags einschläft, liegt nicht in ihrer Macht. Sowohl der pädagogische Auftrag wie die Strukturbedingungen von Kita kollidieren hier mit der familialen Lebenswelt.

Der Mikrokosmos der alltäglichen Übergangsgestaltung in die Kita – hier handelt es sich um eine Sequenz von wenigen Minuten – ist mit Video und Sprachanalyse in verdichteter Weise erkenntlich. Das Material bietet die notwendige Distanz zur Analyse; die raum-zeitlich von den FilmerInnen gestalteten Aufnahmen erlauben, die Perspektive von CHRIS einzufangen. Die Analyse der entstanden Transkripte und Bildfolgen erlauben neue Blicke auf die Situation. Damit wird der Horizont einer Modellgeleiteten Praxis verschoben hin zur Möglichkeit, eine ›Theorie der Praxis‹ zu entwickeln. (vgl. auch GIEBELER 2007: S.13–16).

Der ›Fall‹ ist hier der Übergang in die Kita. Es ist ein Prozess des *doing social cases,* von allen Beteiligten mitkonstruiert in dieser Institutionenwelt der Kindertagesstätte. Institutionelle Machtstrukturen wirken hier ebenso wie die Raum-Zeit-Bedingungen, unter denen der Übergang gestaltet wird. Es ist eine Entscheidung der Akteure, diesen Übergang als ›Problem‹ von Bindungs- und Beziehungsgestaltung zu betrachten oder aber als Herausforderung an alle Beteiligten, in der konkreten Situation ihre Bewältigungsstrategien einzusetzen und interaktiv auszuhandeln; die Kindergruppe, der Raum, die institutionellen Normierungen und Selbstverständlichkeiten sind Konstruktionen der Institutionenwelt, aber auch veränderbar. Rekonstruktionen des Mikrokosmos durch Fallreflexion und Fallanalyse können hier die Fallarbeit ›von unten‹ und durch Perspektivenwechsel auf die Akteurssichten die Wirklichkeitskonstruktion rekonstruieren, ›wiederherstellen‹, und damit die Szenen einer Kindertagesstätte nachvollziehen. Die Fremde wird zur Gewohnheit.

6. DIE ›ERSTE FREMDE‹ IM FILM – ›ARTS IN THE CONTACT ZONE‹

Im Filmprojekt *Die erste Fremde* werden Übergangszenen mit Kindern, Eltern und ErzieherInnen inszeniert. Beobachtungen von zwei Kindern werden für die Installation zusammengeschnitten, Interviews für die Präsentation im öffentlichen Raum des *Bielefelder Kunstvereins* durchgeführt und von Studierenden nach den Regeln der Kunst rekonstruktiver Sozialforschung bearbeitet.

Die Studierenden ALEXANDRA MARTIN, DENISE VAN DEN BERG, ISABELLA SKIBA, MICHAELA MURA, NICOLE KRUG, MIRI PAPE, SUSANNE SCHMIDT und THORSTEN KUHLMANN haben die gefilmten Interviews mit zwei Elternpaaren transkribiert, das heißt, sie nach dem Regelwerk der Übersetzung gesprochener Sprache in die Schriftform übersetzt, sie sequenziert, thematische Felder extrahiert, Inhalt und Textebenen analysiert und die von ihnen erarbeiteten Ergebnisse und Erkenntnisse zum Thema im Angesicht der Kamera präsentiert.

Zwei Kinder stehen als Protagonisten mit ihren Eltern im Mittelpunkt der Installation. Der Kamerablick beobachtet die Szenen auf der Höhe der Protagonisten und setzt die Beobachtungen mit subjektivem Schnitt um. Die Studierenden intensivieren hierüber ihre Kenntnisse qualitativer Forschungsverfahren und gewinnen ebenfalls Einblicke in die Lebenswelten von Eltern mit Kleinstkindern und in die Welt der Kita.

Eines der Kinder wird zum ersten Mal Anfang Mai die Kita kennen lernen, die Eltern haben kurzfristig einen Platz in der Kita bekommen und sind nach einigen Gesprächen und Erläuterungen bereit, sich von uns dabei begleiten zu lassen und sich bezüglich der Übergangssituation in die Kita filmen und interviewen zu lassen. Etliche Eltern in der Kita stellen sich ebenso zur Verfügung, alle Eltern bis auf zwei sind einverstanden, dass wir in der Kita – diesmal nicht nach den Regeln der Forschung – filmen. Die Gespräche mit den Eltern unterliegen nicht den

Regeln der Forschung, die Anonymität voraussetzen, sondern den Bedingungen öffentlicher Präsentation. Für die ProtagonistInnen heißt das, Selbstschutz zu suchen, für die Interviewführung wird eine zeitlich begrenzte offene Interviewgestaltung ohne biografische Bezüge durchgeführt. Die Entscheidung fällt auf ein zweites Elternpaar mit einem ebenfalls sehr jungen Kind, das – wie auch das andere Paar – eine binationale Ehe führt.

Die dichten Bilder der Kinder im Raum im Kontakt mit anderen Kindern, ErzieherInnen, mit Eltern, mit Material sind in diesem Band ständiger Begleiter. In der Ausstellung sind die Kinder großformatig projiziert, dreikanalig in ständigem Wechsel der Bildkonstellationen. Kitawirklichkeit wird zur künstlerischen Inszenierung in einem Raum der Verkehrung: Hier sind die Kleinsten groß, die Großen machen sich klein, die Bildschirme hängen auf Augenhöhe der Kleinsten und im Raum. Die ProtagonistInnen der Interviews präsentieren ihre Sichtweisen auf die Übergangsgestaltung und die Studierenden in Auszügen wiederum das, was sie aus den Interviews interpretiert und analysiert haben. So werden verschiedene Blickweisen auf die soziale Wirklichkeit der Übergangswelt von der Fremde in die alltägliche Gewohnheit hinein im Brennpunkt der ersten Begegnung mit der Kitawelt für Eltern und Kinder verdichtet präsentiert.

Es entsteht in dieser Installation eine Art Kunst in der Kontaktzone Kita – eine *art oft the contact zone,* wie MARIE LOUISE PRATT die Begegnungen genannt hat, um damit »die räumliche und zeitliche Kopräsenz von Subjekten zu vergegenwärtigen, die bis dahin geografisch und historisch voneinander getrennt waren und deren Wege sich nun kreuzen.« (PRATT 1992, S.7). In diesem Projekt präsentieren sich Menschen und werden repräsentiert. Es kreuzen sich die Wege von Menschen mit kleinen Kindern, die von verschiedenen Kontinenten und unterschiedlichen Milieus her kommend, zusammentreffen. Was hier im Einzelnen geschieht, wird in der weiteren anonymen Studie zum Thema genauer zu betrachten sein. Doch was in der Installation geschieht, ist die Zusammenführung von Bild- und Textelementen durch künstlerisch-filmische Repräsentationen. Dabei entsteht wiederum eine Kontaktzone, verstanden als Rezeptionsakt des Publikums im Aufeinandertreffen mit dem Produkt im Museum.

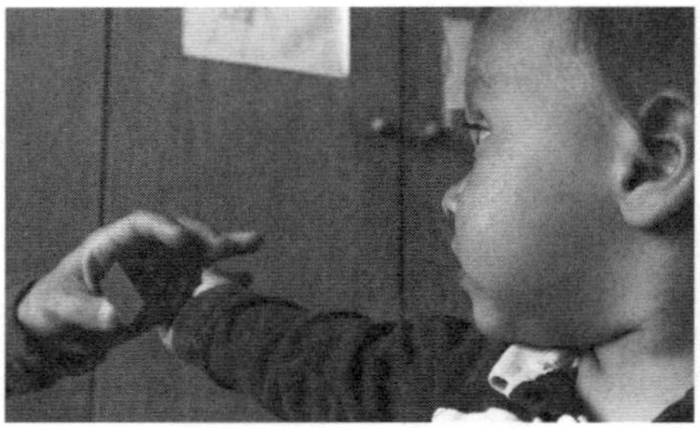

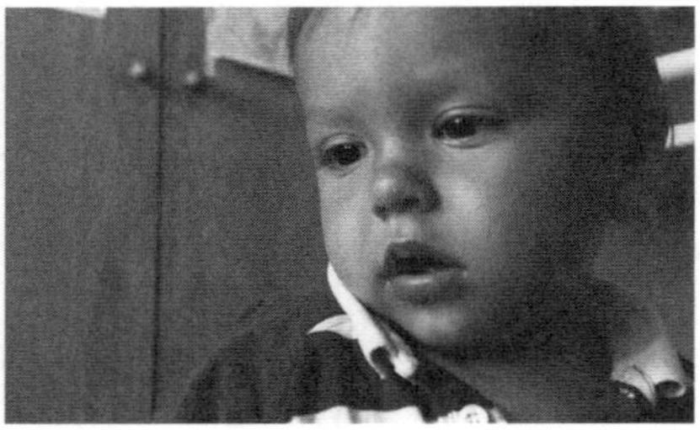

7. KLEINSTKINDER IN DER KITA. VON DER FREMDHEIT ZUR GEWOHNHEIT UNTER KONSTELLATIONEN VON MACHT UND RAUM

»Es gehört zu den Grundannahmen unserer Fremdheitsstudien, daß das Fremde primär von Orten des Fremden her zu denken ist, als ein Anderswo und als ein Außerordentliches, das keinen angestammten Platz hat und sich der Einordnung entzieht. Umgekehrt gilt es den orthaften Raum so zu denken, daß er Eigen- und Fremdorte zuläßt, ohne die Differenz zwischen Eigenem und Fremden von vornherein einzukreisen oder einzuebnen.« (WAGENFELS 1997: S.12)

Bereits im 20. Jahrhundert ist Fremdheitserfahrung durch die Migrationsbewegungen weltweit als interkulturelle Erfahrung zu einem Charakteristikum sich globalisierender Lebensverhältnisse geworden. Die Mobilität von MigrantInnen findet auf allen Ebenen der Kommunikation und Interaktion in transnationalen Räumen statt.

Trotz der international verfolgten Politiken, die auf Abgrenzung, Repatriierung und Verhinderung von Migration zielen, zeichnen sich Grenzen eben nicht nur durch Ab-Grenzungen, sondern vor allem auch durch ihren grenzüberschreitenden Charakter aus. Sie sind Kontaktzonen der Transnationalisierung und ermöglichen Verbindendes. In ihnen vollziehen sich Hybridisierungsprozesse (GARCÍA CANCLINI 2000). Mobilität, Heterogenität und transnationale Orientierungen prägen individuelle Lebenswelten ebenso wie gesellschaftliche Prozesse insgesamt und die Bildungssysteme im Besonderen. Bildungssysteme sind weltweit die Hoffnungsträger der Politik in Richtung ›Integration‹, also dem Versuch, Menschen an eine Gesellschaft anzupassen, deren Werte und Normen als Imaginationen Realitäten prägen. So soll Bildung »als Scharnierstelle zwischen Individuum und Gesellschaft, zwischen dem einzelnen ›homo educandus‹ und den je gültigen Vorstellungen ›guter Ordnung‹ des sozialen Gemeinwesens« (DIEHM 2008: S.203) fungieren. Das gilt vor allem auch für die Kita, auf die neue Hoffnungen gerichtet sind. Es ist die Kita, die Sprachprobleme, kulturelle und andere Auffälligkeiten, religiöse Fragen und Differenzen und Probleme jeder Art ›von Anfang an‹ diagnostizieren und beheben soll. Die Kita ist der neue Ort, an dem frühzeitig ›Lösungen‹ im Sinne der oben genannten ›Integration‹ gefunden werden sollen. In diesem Zusammenhang sind folgende Aspekte relevant:

→ Die Ökonomie der Bildungsinvestition
→ Die Transnationalisierung von Familie

Dass sich Bildung auch ›lohnen‹ muss, ist ein starkes Argument in diesem Kontext: Bildungsökonomen haben mittlerweile in mehreren Studien ausgerechnet, dass sich ›Investitionen in die frühe Bildung‹ rechnen und hier ›Humankapital‹ angehäuft wird, das für das deutsche Staats- und Gesellschaftssystem von erheblichem Nutzen ist. Die Hochrechnungen zur Wirtschaftlichkeit von Bildungsausgaben versprechen laut *Bertelsmann-Stiftung* Wachstumsraten für die Volkswirtschaft:

»Den Berechnungen der Studie zufolge belaufen sich die Erträge einer Reform bis zum Jahr 2030 auf 69 Milliarden Euro und übersteigen so die jährlichen öffentlichen Bildungsausgaben im Elementar- und allgemeinbildenden Schulbereich. Bis zum Jahr 2074 erreicht das zusätzliche Wachstum die Summe von rund 1,75 Billionen (1.746 Milliarden) Euro und damit in etwa das Niveau unserer heutigen Staatsverschuldung. Im Jahr 2090 schließlich – dem Endpunkt der Langzeitbetrachtung – summieren sich die Erträge auf 2,8 Billionen (2.808 Milliarden) Euro. Das ist mehr als unser heutiges Bruttoinlandsprodukt (BIP) und entspricht etwa dem 28-fachen der jüngsten Konjunkturpakete.« (*Bertelsmann-Stiftung* download)

Die Zielgruppen der Bildungsreform sind dabei Schüler aus sozialen Risikogruppen, entweder mit Migrationshintergrund oder aus sozialen Risikogruppen, die vor allem – neben den Migrationsfamilien – in der Lebensform der Einelternfamilie gesehen wird. Laut *Bertelsmann-Stiftung,* die die Studie in Auftrag gegeben hat, sind es der Frühförderbereich und die »qualitativ guten frühkindlichen Bildungsangebote«, die dieses Wachstum erbringen können und gleichzeitig die Problematik der Unterbringung lösen sowie die Umverteilung guter Bildung und Erziehung bewirken können.

Damit die anvisierten Zielsetzungen eines umfangreichen Ausbaus von *U3*-Betreuung erreicht werden können, bedarf es somit einer Neuorientierung in der Bildungspolitik. Diese wurde bereits im ersten Jahrzehnt des 21. Jahrhunderts systematisch angegangen und erlebt derzeit vermutlich den Höhepunkt ihrer Umsetzung. Dabei spielt die ›Investition in die Kleinsten‹ eine entscheidende Rolle. Gemeint ist damit in erster Linie die Erhöhung der Ausgaben für die frühe Bildung, bzw. die Investition – je nach politischer Couleur – in Elterngeld oder aber in Kindertageseinrichtungen und in die Qualifizierung von PädagogInnen, die sich mit *U3*-Betreuung befassen. Dabei ist der Diskurs nicht nur auf die Kinder begrenzt, sondern wird in der Regel auch im Kontext von Familienbildung und Familienunterstützung geführt. Die seit den 80er Jahren festgestellten Individualisierungsprozesse bei gleichzeitiger Homogenisierung und Heterogenisierung von Lebenswelten haben neue soziale Wirklichkeiten konstruiert, in denen vor allem Familien und kleine Kinder Lebensbedingungen ausgesetzt sind, die weit entfernt von familiären Normalisierungskonstruktionen sind. Transnationale Netzwerke und transnationale soziale Räume führen weiterhin dazu, dass sich Familien über Kontinente oder Nationen erstrecken und kleinräumige verortete Beziehungen nicht mehr unbedingt zentralen Stellenwert innehaben. Familien sind in zwei oder mehr Nationen verortet, Freundschaften und intensive Beziehungen ebenfalls, Kleinstkinder wachsen mit örtlich weit entfernten, aber sozialräumlich nahen Vertrauten auf, deren innere Repräsentanzen weit bedeutender sein können als die derjenigen in der örtlichen Nähe. Transnationale soziale Räume entstehen über die Vernetzung durch neue Kommunikationswege, die längst in den Alltag der Lebensweltgestaltungen, gleich wo auf der Welt, Einzug gehalten haben. Fremdheit ist hier der Begleiter aller Wege – Fremdheit und ihre Verwandlungsprozesse in Gewohnheiten.

CYNTHIA
KRELL

ANNÄHERUNGEN AN DIE AUSSTELLUNG ›DIE ERSTE FREMDE‹

ANNÄHERUNGEN AN DIE AUSSTELLUNG ›DIE ERSTE FREMDE‹

Selten erhalten Laien oder eine interessierte Öffentlichkeit Einblick in die wissenschaftliche Praxis im Kontext eines Forschungsprojekts – außer es handelt sich um eine populärwissenschaftliche Aufbereitung in Form einer journalistischen Dokumentation oder um eine Fernsehsendung. Doch gerade indem die Wissenschaft ihre Arbeitsprozesse offen legt, wird der an sich abstrakte Prozess der Wissensproduktion für den Laien begreifbarer und nachvollziehbarer. Denn die Welt der Wissenschaft ist einem Großteil der Bevölkerung ebenso fremd wie die Welt aus der Sicht eines Kleinstkindes.

Über die Konzeption der Ausstellung

Das Ausstellungsprojekt *Die erste Fremde. Kleinstkinder im Übergang von der Familie in die Kindertagesstätte* verknüpft Forschung mit Kunst und präsentiert so einen ungewohnten Einblick in ein ungewohntes Thema. Wissenschaft und Kunst ermöglichen einer interessierten Öffentlichkeit den Blick auf Kleinstkinder in der Kita im *Bielefelder Kunstverein* in Form einer filmischen Installation.

Gegenstand des Forschungsprojekts sind zwei kleine Menschen (ein acht Monate alter Junge und ein zweijähriges Mädchen) und ihre Eltern, die mit einer neuen Situation konfrontiert werden. Im Rahmen des Forschungsvorhabens wird diese Situation als ›existentielle Übergangssituation‹ und metaphorisch als ›erste Fremde‹ bezeichnet. Doch was ist ganz allgemein unter einer Situation zu verstehen? Allgemein zeichnet sich eine Situation durch das Zusammenwirken von drei Elementen aus: die außermenschliche Umwelt, den Prozess und den Interaktionsspielraum zwischen den einzelnen Subjekten, die an dem Prozess beteiligt sind. Unser Alltag kann in diesem Sinne als eine Aneinanderreihung von Situationen verstanden werden, die subjektiv wahrgenommen, beobachtet, erlebt und gedeutet werden. Jede Situation stellt somit eine elementare

Erfahrung von Lebenswirklichkeit dar und kann raumphänomenlogisch nach FRANZ XAVER BAIER auch so verstanden werden: »Als Situation ist Raum am empfindlichsten. In ihr schießt alles zusammen. Sie ist unmittelbar. Sie stellt und fordert heraus und zeigt was in uns steckt. [...] Raum entsteht nur, wenn wir Situationen bilden.« (BAIER 2000: S.21–22). Vor diesem Hintergrund kann auch eine Ausstellung als ein situativer Raum betrachtet werden. So können visuelle Zeichen (z.B. Kunstwerke oder Bilder im weitesten Sinne) inhaltlich-formal miteinander in Bezug gesetzt und räumlich angeordnet werden, so dass für mich als Besucher eine erlebbare Situation entsteht. Eine Ausstellung wäre demnach sinnlich wahrnehmbar, räumlich begehbar und ein offener, nicht-linearer Prozess des Deutens, geprägt durch den individuellen Erfahrungshorizont eines Ausstellungsbesuchers. Wer sich auf diesen Wahrnehmungsprozess und Dialog mit visuellen Zeichen einlässt, kann etwas über sich selbst und andere erfahren, über das scheinbar Bekannte und das Fremde, über die eigene Welt und die ›erste Fremde‹. Anknüpfend an das Forschungsprojekt stellt sich die spannende Frage, inwiefern eine Ausstellung die erste Fremde aus der Sicht eines Kleinstkindes im Übergang von Familie zur Kindertagesstätte visuell erlebbar machen kann.

Ein imaginärer Ausstellungsrundgang

Die visuelle Dokumentation des oben beschriebenen Forschungsprojektes wird im Rahmen der Ausstellung sowohl präsentiert als auch interpretiert. Besonders der Interpretationsprozess beinhaltet zwei wesentliche Aspekte: Zum einen geschieht die Interpretation methodisch durch die wissenschaftliche Analyse und Auswertung, z.B. durch die Auswertungen der Elterninterviews, die von Studierenden des Masterstudiengangs am *Fachbereich Sozialwesen* der *FH Bielefeld* geleistet wurden. Deren Sichtweise und Perspektiven auf das Material sind Bestandteil der Präsentation, da sich die Studierenden mit ihren textanalytischen Blickrichtungen auf die Interviews haben filmen lassen und damit eine weitere Ebene fremden Blicks auf die Übergangssituation in der Installation repräsentieren.

Zum anderen erlebt der Ausstellungsbesucher die filmische Installation dreikanaliger Bildrepräsentationen von Kleinstkindern im Raum, der als situativer Raum verstanden werden kann. Indem sich die Besucher durch die Räumlichkeiten des Kunstvereins bewegen, die filmischen Bilder wahrnehmen, diese deuten, miteinander in Beziehung setzen und mit ihrem eigenen Erfahrungshorizont verknüpfen, entsteht ein neuer fremder Raum von Übergangsrepräsentation, mit dem sich die Besucher vertraut machen können.

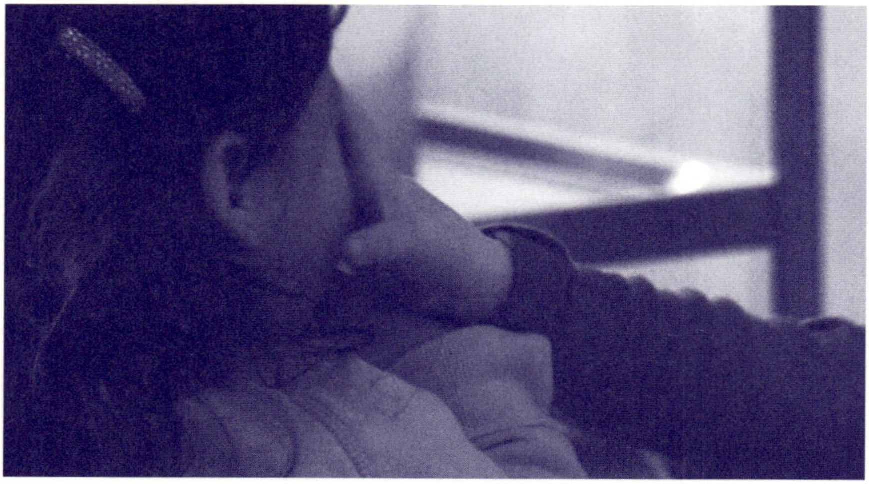

Ich übernehme die Perspektive des Ausstellungsbesuchers und versprachliche meine Wahrnehmungen und Deutungsansätze der filmischen Bilder. Die Beschreibung des visuellen Materials ist subjektiv gewählt und folgt dem Prinzip eines imaginären Ausstellungsrundgangs. Mein Rundgang beginnt mit einem Überblick über die konzeptionelle und räumliche Gestaltung der Ausstellung.

Die gesamte Präsentation erstreckt sich über zwei Räume im Erdgeschoss des Kunstvereins. Zu Beginn des Parcours werde ich mit den Erzählinterviews der Eltern der beiden Kleinstkinder konfrontiert. Die knapp 20- bis 30-minütigen Videos werden in einer Reihe über Eck gezeigt und sind jeweils über Kopfhörer akustisch wahrnehmbar. Rechts davon sich befinden in der L-förmigen Verlängerung des Raumes die beiden Dokumentationen mit den Interviewauswertungen der Studierenden.

Im zweiten Raum ist die experimentelle Dokumentation des Projekts zu sehen. Präsentiert werden die Bewegtbilder in Form eines Triptychons, wobei die Projektionen unterschiedlich groß sind. Gezeigt werden die intim wirkende Beobachtung der beiden Kleinstkinder sowie die räumliche Erkundung der Kita. Gedreht wurde vorwiegend aus der Froschperspektive, die in etwa jeweils der Augenhöhe der beiden Protagonisten entspricht.

Außergewöhnlich und befremdlich ist für mich die Höhe der Bildschirme und Projektionsflächen, die sich auf Augenhöhe (ca. 90 cm) eines 1 ½–2jährigen Kleinkindes befinden. Mit diesem Eingriff findet ein bewusster, aber für mich als erwachsenen Besucher unfreiwilliger Perspektivenwechsel statt. Allein durch diesen Wechsel des Standpunkts verändern sich z.B. meine Wahrnehmung des Raumes und die Relation zu den darin befindlichen Dingen. Als verbindendes Raumelement dienen poppig farbige Aktivierungsmöbel aus weichem Kunststoff, wie sie auch in den Räumlichkeiten der Kita verwendet wurden. Ich setze mich auf eines dieser Aktivierungsmöbel und mache dabei die körperliche Erfahrung, dass ich mein Gleichgewicht halten muss, um nicht umzukippen. So zitiert die Ausstellungsarchitektur ein Raumelement aus der Kitawelt.

Aus der Sicht der Kleinstkinder

Ich beginne meine Beschreibung mit der visuellen Dokumentation aus der Sicht von zwei Kleinstkindern im Raum der drei großformatigen Projektionen. Dabei beobachtet und verfolgt die Kamera die beiden Forschungsobjekte unterschiedlichen Alters und filmt sie im Laufe eines Tages in ihrer Kita. Die Erkundung der Kita lässt mich ganz und gar eintauchen in eine mir größtenteils fremde Welt. Durch die Froschperspektive wird ein niedriger Standpunkt eingenommen, der z.B. die Erwachsenen mächtig erscheinen lässt. Das Erzählverhalten der Kamera deckt sich größtenteils mit einer so genannten neutralen Kamera: sachlich-objektive Distanz auf Augenhöhe, Beobachtung der handelnden Figuren – gemeint sind in unserem Fall die beiden Kleinstkinder. Einige Kamerafahrten übernehmen die Perspektive einer subjektiven Kamera, sodass sich der Kamerablick mit dem des Kleinstkindes deckt. Dies wird bei der räumlichen Erkundung der Kita deutlich, hier wird bewusst ein Point-of-View-Shot eingenommen. Die Einstellungsgröße der Kamera variiert jeweils und bietet in der Totalen eine räumliche Orientierung in der Kita. Die Großaufnahme hingegen zeigt z.B. nur ein Gesicht, sodass dadurch Nähe herstellt und eine genaue Beobachtung des mimischen Ausdrucks möglich ist.

Die filmischen Bilder zeigen einen prototypischen Ablauf einer Anfangssituation mit Ankunft, Frühstücken, gemeinsamen Gruppeaktivitäten, individuellen Spiel- und Ruhephasen, Szenen im Bad und die Interaktionen von Kindern mit ihren Eltern und ErzieherInnen. Die Montage der Bilder folgt somit dem Muster einer erzählenden Montage, sodass sich eine erzählerische Kontinuität ergibt. Diese wird kombiniert mit einer Parallelmontage, da wir einerseits ein zweijähriges Mädchen und andererseits einen acht Monate alten Jungen beobachten. Die erzeugten Bilder sind farbig, intim, unmittelbar und intensiv. Irritierend ist neben der Faszination für eine mir unbekannte Kitawelt die fehlende Toninformation. Trotzdem füllt sich die akustische Leerstelle durch eine realistisch klingende Geräuschlandschaft, die mein Gehirn ersetzt. Ich habe eine eigene Erinnerung an Geräusche, Laute und Stimmen, produziert von Kindern, ErzieherInnen und Eltern in einer solchen Bildungsinstitution.

Schon nach einigen Sekunden nehme ich die Rolle eines Beobachters ein: Ein Mädchen mit braunen Haaren, großen Augen und mit einem blauen Schnuller blickt direkt in die Kamera – scheint mich direkt anzusehen, berührt mich mit ihrem Blick. Ihr Blick wirkt suchend, aber neugierig. Sie dreht sich von der Kamera weg und läuft aus dem Bild. Die Sequenz ist zeitlich etwas gedehnt und verlangsamt – dadurch wirkt die Bewegung des Mädchens sehr tänzerisch. Eine Kamerafahrt gibt Aufschluss über den Schauplatz, es handelt sich um einen Flur in einer Kita. Laufende und sitzende Kinder, eine weibliche Erwachsene zieht einem Mädchen einen Schuh an. Harter Schnitt. Ein Mann mit langen Haaren – vermutlich ein Erzieher – zieht dem Mädchen ihre rostrote Jacke an. Das Mädchen schaut dabei an sich herunter auf den Reißverschluss. Rasch wird der Reißverschluss geschlossen. Etwas braunes Unscharfes kommt ins Bild – ein Zoom aus dieser Farbfläche zeigt den Kopf des Mädchens. Sie steht vor einer Glastür, die nach draußen führt. Nun stemmt sie sich mehrmals mit ihrem Körper gegen die Tür, um diese mit ihrem Gewicht zu öffnen, da sie noch nicht an den Türgriff reicht. Schnitt. Eine in das Bild ragende Hand hält eine ähnlich aussehende Glastür für eine blondhaarige Frau mit einem kleinen Jungen offen. Harter Schnitt. Ich erkenne den Jungen wieder, der soeben vermutlich mit seiner Mutter die Kita betreten hat. Die Kamera befindet sich auf Augenhöhe mit dem Kleinstkind und zeigt sein Gesicht in einer Großaufnahme. Der Junge sitzt auf dem Boden umgeben von seiner Mutter und dem männlichen Erzieher, den ich bereits in der Eingangssequenz gesehen habe. Noch ist diese Situation für mich uneindeutig. Schnitt. Das Mädchen und drei weitere Kinder stehen hüpfend und lachend in einer Reihe. Ihre Bewegungen und ihr Körper drücken Freude am Spiel aus. Harter Schnitt. Es ist Frühstückszeit: Alle Kinder einer Gruppe sitzen verteilt an zwei Gruppentischen. In einer Nahaufnahme ist das Mädchen zu sehen. Ein anderes Kind greift ihr ins Gesicht, sie reagiert in Sekundenschnelle, nimmt die Hand des Kindes und wehrt ihre Bewegung ab. Nochmals greift das andere Kind ihr ins Gesicht, nochmals wehrt sie die Berührung ab. Eine Kamerafahrt offenbart das fast beendete Frühstücksszenario in der Kita. Insgesamt wirkt der Raum freundlich und hell. Die Möblierung ist an die Größe der Kitakinder angepasst und größtenteils aus hellem Holz. Der Boden ist aus einem abwaschbaren und für den Alltag pragmatischen Material. Als Lichtquelle dient natürliches Licht von einer Fensterfront kommend, zwei weitere Lichtobjekte spenden warmes gestreutes Licht. Harter Schnitt. Wieder sehe ich den kleinen Jungen. Dieses Mal hockt er auf einem blauen Teppich, umringt von pädagogisch wertvollen Spielsachen. Er spielt mit einem kleinen Plastikball, steckt diesen in den Mund, beißt darauf herum, streckt seinen Arm aus dem Bild, vielleicht seiner Mutter entgegen, lässt den Ball fallen oder der Ball wird ihm aus seiner Hand genommen, und in eine andere Ecke des Raumes geworfen, er krabbelt dem Ball nach. Durch den reduzierten Bildausschnitt ist es schwierig den Handlungsverlauf genauestens zu beschreiben. Harter Schnitt. Das Mädchen trägt selbstsicher drei verschiedene gefüllte Tupperdosen. Sie bewegt sich im Raum – wahrscheinlich zu Beginn der Frühstückszeit. Soweit meine Beschreibung zu einer Sequenz von knapp zwei Minuten, die zu einer insgesamt sechsminütigen dauernden Doppelprojektion gehört.

Die beiden nebeneinander gezeigten Projektionen und die Einzelbildprojektion sind inhaltlich jedoch nicht identisch. Dennoch ergibt sich durch die Ähnlichkeit der aufgenommenen Situationen mit den beiden wiederkehrenden Kleinstkindern und durch das verwendete Montageverfahren eine intentionale Parallelität von einzelnen Sequenzen. Die eben aufgezählten Elemente bilden für mich einen narrativen Raum. Trotzdem bleibt die Zusammenstellung der aneinander gereihten Situationen aus dem Kita-Alltag ellipsenartig und fragmentarisch. Beim Betrachten hatte ich eine Art *Déjà-vu*-Erlebnis, ausgelöst durch die Ähnlichkeit und Intensität der gezeigten Bilder. Außerdem ermöglichen die filmischen Bilder eine Teil-Identifizierung mit den Kleinstkindern und ihren Verhaltensweisen – gemeint ist eine aus Erwachsenensicht reflektierte und formulierte Rezeptionserfahrung, erzeugt durch einen temporär erlebten intimen Bild-Raum. Bekräftigt wird dieser Eindruck durch die dritte Projektion, die ein sehr ähnlich montiertes Szenario zeigt. Es handelt sich um eine Mischung des visuellen Materials aus der Doppelprojektion. Durch die endlos gezeigte Wiederholung der Sequenzen, die ohne Vorspann gezeigt werden, verstärkt sich der Eindruck eines *Déjà-vu*-Erlebnisses.

Zusammenfassend habe ich drei Auffälligkeiten bezogen auf die dargestellten Situationen festgestellt: Erstens zeichnen sie sich durch eine soziale Interaktion zwischen den Subjekten aus, wobei ich unbewusst / bewusst die Beziehungen zwischen den Menschen zu deuten versuche. So sieht man hauptsächlich das Mädchen in Interaktion mit anderen Kleinstkindern, das Mädchen mit seinem Vater oder mit ihrer pädagogischen Bezugsperson. Oder in das Bild gerät der Jungen mit seiner Mutter und mit seiner pädagogischen Bezugsperson, die er in dieser Situation erst kennen zu lernen scheint.

Der zweite Aspekt umfasst die Beobachtung des Kleinstkindes mittels der Kamera, die mit Hilfe von Groß- und Detailaufnahmen eine Nähe hergestellt und das mimische Ausdrucksspiel des Kleinstkindes als Information transportiert. Hier stellt sich die Frage, inwiefern sich das Kind der Kamera bewusst gewesen ist und nach welchen Kriterien die Aufnahmen letztendlich ausgewählt worden sind. Teilweise offenbart sich ein doppelter Moment der Beobachtung, insofern als das Mädchen und der Junge beim Beobachten selbst gefilmt wurden. Ablesbar ist dies sowohl an der Dramaturgie der Blicke ausgehend von den Kleinstkindern als auch anhand der forschenden und entdeckenden Verhaltensweisen.

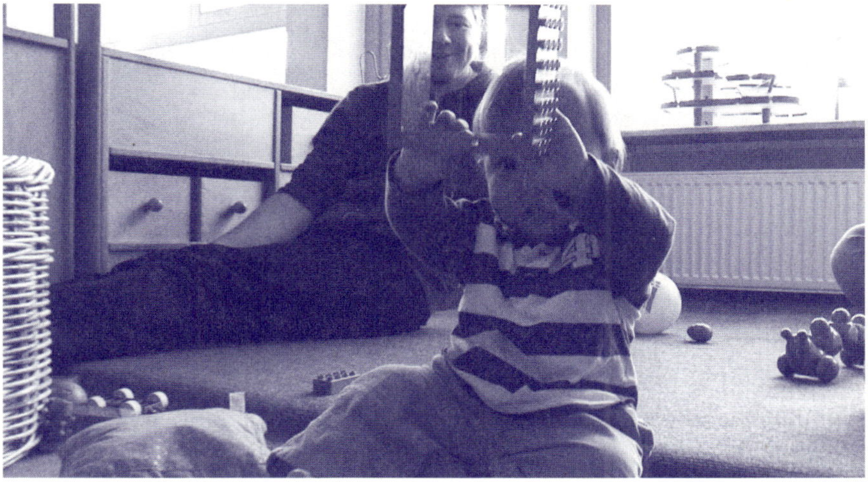

Drittens erfahre ich die Entdeckung des institutionellen Raumes aus der Perspektive eines Kleinstkindes. Die Kamerafahrten zeigen immer wieder die verschiedenen Räume der Kita und ihre Funktionen – mit und ohne kleine und große Menschen. So kann z.B. die Glastür auch metaphorisch als Trennscheibe zwischen drinnen und draußen, zwischen familiärem und institutionellem Umfeld, zwischen Eltern und Erziehern verstanden werden. Der Kita-Flur mit seiner Garderobe, wo jedem Kind je ein Kleiderhaken und ein Parkplatz für seine Schuhe zugeordnet sind, repräsentiert die institutionelle Ordnung und Macht. Der Kita-Flur ist aber auch ein Transit-Ort der Ankunft und Abreise. Hier treffen die Kleinstkinder als Tagesreisende ein, verbringen in der Eingewöhnungszeit einige Stunden in der ersten Fremde, verlassen den Ort mit neuen Eindrücken und Erfahrungen und kehren am Ende eines Kita-Aufenthalts in ihre vertraute Welt zurück – bis die Kita-Welt nach der Gewöhnungszeit ebenfalls zu ihrer vertrauten Welt geworden ist.

Aus der Sicht der Eltern

Das Interview als wissenschaftliche Methode trägt in sich mehrere Funktionen: Das visuelle Material ist Teil der wissenschaftlichen Beobachtung und dient der Analyse und Auswertung. Außerdem sind sich die erwachsenen Menschen ihrer Situation, im Gegensatz zu den kleinen Menschen, bewusst und haben sich freiwillig zu dieser filmischen Aufnahme bereit erklärt. Die filmischen Aufnahmen der beiden Elternteile zeigen jeweils 20 bis 30-minütige Interviews, die alle im gleichen Raum in der Kita aufgenommen wurden. Das Bild ist statisch und zeigt in einer Großaufnahme nur das Gesicht des jeweiligen Elternteils vor einem gelben Hintergrund. Im Mittelpunkt der Interviews stehen die persönlichen Emotionen und Erfahrungen der Eltern, die sie während des Übergangs von Familie in die Kindertagesstätte gemacht haben. Am Anfang informiert eine weibliche Stimme über die Art des Interviews und formuliert mit verständlichen Worten das Forschungs- bzw. Erkenntnisinteresse. Nach diesen einleitenden Worten übernehmen die Personen die Gestaltung des Interviews durch ihre Erzählungen. Durch die persönliche Erzählweise und narrative Struktur der Interviews verführen diese zu einer längeren Verweildauer, um sich anhand der Details die jeweilige Situation aus der Sicht der Eltern als Ganzes zu erschließen.

Eine detaillierte inhaltliche Wiedergabe der einzelnen Interviews wäre an dieser Stelle dennoch zu umfangreich, daher werde ich wesentliche Gemeinsamkeiten und Unterschiede zusammenfassen, die mir im Vergleich aufgefallen sind. Die beiden Elternpaare berichten jeweils aus ihrer eigenen Perspektive über ihre Emotionen, Vorstellungen, Wünsche, Fantasien sowie ihre positiven und negativen Erfahrungen, die mit der Übergangszeit verbunden waren bzw. noch sind. Die Eltern des Mädchens erinnern sich rückblickend an diese Phase, die bereits ein Jahr zurück liegt. Im Gegensatz dazu befinden sich die Eltern des Jungen in der Phase der Eingewöhnung, sodass ihre Erfahrungen aufgrund der zeitlichen Nähe unmittelbar und neu sind. Darüber hinaus erhalte ich Informationen über die persönliche Meinung wie z.B. bezogen auf die Fremdbetreuung in einer Kita, den Entscheidungsprozess, damit verbundene positive und negative Emotionen, Vorstellungen hinsichtlich des Lebensentwurfs, damit verbundene Vorstellungen über die eigene berufliche Situation vor und nach dem Eintritt in die Kita, Informationen über die gewünschte und tatsächliche Rollenverteilung, Auswirkungen auf die persönliche und berufliche Situation sowie das Aussprechen einer Position bezogen auf den gesellschaftlich-politisch propagierten Ausbau der *U3*-Betreuung, die Vorteile und Zufriedenheit mit der Kita-Betreuung, etc. Die Auseinandersetzung mit den Interviews ermöglicht mir als Betrachterin einen Einblick in die Fragen, Schwierigkeiten und Entscheidungen zu erhalten mit denen Eltern konfrontiert werden. Indem die beiden Elternteile konkrete Beispiele aus ihrem Alltag schildern, wird ihre Situation in der jeweiligen Komplexität anschaulich und nachvollziehbar.

Trotzdem wirken die Interviews authentisch und künstlich zugleich. Authentisch sind die Interviewten – wenn sie sich in der Situation wohl fühlen. Künstlich ist die Situation an sich – da es sich ja nicht um eine natürliche Kommunikationssituation handelt. Beeinflusst wird die Künstlichkeit der Kommunikationssituation auch durch den Grad der öffentlichen Distribution: denn in der Regel wird diese Art von Rohmaterial nur einer kleinen Gruppe von Wissenschaftlern zur Verfügung gestellt. In diesem Fall wird das Material jedoch im Rahmen einer Ausstellung zusätzlich einer breiten Öffentlichkeit zugänglich gemacht. Dies führt bei den Interviewten zur Anwendung von Strategien des Selbstschutzes.

Sobald der erste Gesprächsfluss von Seiten des Interviewten verebbt, wird mit Hilfe von Fragen das Gespräch inhaltlich gelenkt. Es handelt sich in der Regel um offene Fragen, so dass die Interviewten einen Impuls zum Weiterreden erhalten. Die in diesem Kontext entstandenen Bilder erinnern mich an bekannte mediale Situationen aus Medien und Fernsehen. Ein Sog aus Informationen und Geschichten formt sich zu einer Situation, in der Menschen in einem Prozess sozial interagieren und in Beziehung zueinander treten. Es handelt sich noch um ein diffuses Bild von einer Situation, die ich versuche mit den zuvor gesichteten Bildern zu verknüpfen. Werde ich beim Betrachten der Interviews zur Komplizin der Wissenschaftler?

Aus der Sicht der Wissenschaftler

Das visuelle Material hat sich noch nicht erschöpft, sondern liefert einen weiteren Beitrag aus der Perspektive der Wissenschaft. Die soeben beschriebenen Interviews der Eltern liefern den Wissenschaftlern genügend Analysematerial. Dieses Mal verändert sich der institutionelle Raum – wir befinden uns vermutlich in Seminarräumen der *FH Bielefeld*. In der Ausstellung sind zwei unterschiedliche Kommunikationssituationen und deren visuelle Dokumentation zu sehen. Die Kamera zeigt hauptsächlich Nahaufnahmen der Figuren, die alle an einem Tisch sitzen. Es handelt sich um eine neutrale Kamera, sodass ich das Geschehen aus einer sachlich- objektiven Distanz auf Augenhöhe beobachte.

Die erste Dokumentation visualisiert ein Gespräch zwischen zwei weiblichen Studierenden und ihrer Professorin sitzend an einem Tisch. Das Gespräch fokussiert die Interview-Auswertung und Analyse der Mutter und des Vaters des kleinen Jungen. Die beiden Studierenden stellen ihre Analyseergebnisse jeweils vor und begründen diese mit ihren Beobachtungen. Bei Unklarheiten bzw. Ungenauigkeiten fragt die Professorin freundlich nach und gibt den Studierenden Raum für ihre Erläuterungen. Die zweite Dokumentation besteht aus einer Reihung und zeigt jeweils vier unterschiedliche Studierende, die je ein Elterninterview analysiert haben. Da es sich bei dieser Montage nicht um eine lineare Aufzeichnung eines Gesprächs handelt, ergeben sich Schwierigkeiten bei der Zuordnung des Gesprächsinhalts. Die Kommentare der Studierenden haben teils einen beschreibenden oder zusammenfassenden Charakter. Im Mittelpunkt der Statements stehen jedoch die Interpretation und die Schlussfolgerungen aus den Interviews bezogen auf die Forschungsfrage, wie die Eltern als unmittelbar Beteiligte mit der Übergangszeit von der Familie in die Kindertagesstätte umgehen. Ein vorläufiges Fazit wäre: Die Eltern haben jeweils ambivalente Emotionen erlebt und Erfahrungen gemacht, die sowohl Auswirkungen auf die Eltern-Kind-Beziehung als auch auf die Paar-Beziehung haben. Sie erleben eine ähnlich existentielle Übergangssituation, die sich vornehmlich auf die Beziehungsebene überträgt. Auffällig ist hierbei die Schlüsselfunktion von Sprache als konstituierendes Element, die für die Entstehung einer wissenschaftlichen Wirklichkeit

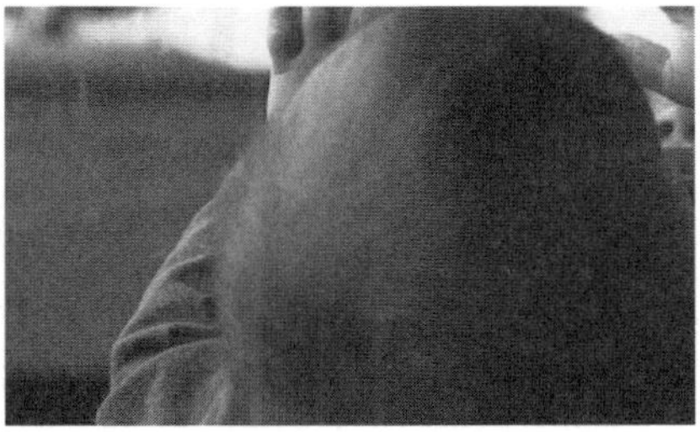

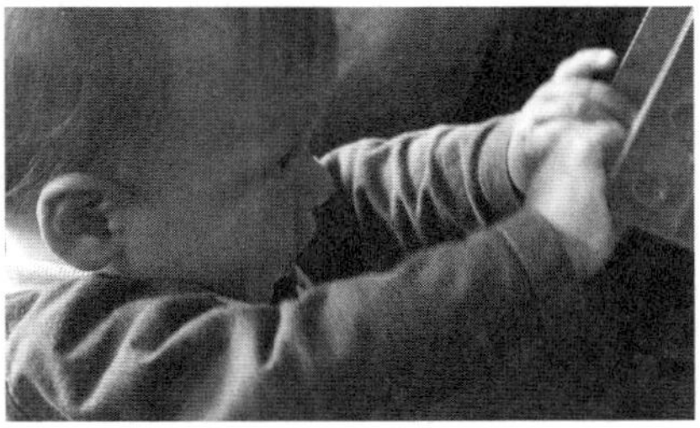

basierend auf Sprache verantwortlich ist. Zur Erklärung: Zu Anfang versprachlichen die beteiligten Eltern jeweils ihre Erfahrungen und Emotionen im Rahmen der Interviews. Diese werden dann von den Wissenschaftlern transkribiert, liegen als konkretes Textmaterial vor und werden methodisch mit Hilfe der Textanalyse von den Studierenden untersucht und interpretiert. Im Gespräch versprachlichen die Studierenden nochmals ihre Ergebnisse und machen z.B. die Schrittigkeit der wissenschaftlichen Praxis deutlich. Die Studierenden wenden dabei Fachsprache an, um sich zeitökonomisch über Wissenserwerb und Erkenntniszuwachs auszutauschen. Obwohl das wissenschaftliche Gespräch hochgradig abstrakt erscheint, kann ich den Beschreibungen größtenteils folgen, da ich Zugang zum visuellen Rohmaterial hatte. Wieder nehme ich beim Betrachten die Position eines Beobachters ein. Dieses Mal hat sich jedoch die Perspektive und der institutionelle Raum in Richtung einer mir vertrauten Erwachsenenwelt verändert. Als anregend empfinde ich das vor mir ausgebreitete wissenschaftliche Thesen- und Interpretationspanorama, welches ich mit meiner eigenen Sichtweise vergleichen kann.

Fazit nach dem Ausstellungsbesuch

Zum Schluss stellt sich die folgende Frage: Was kann die Ausstellung als Medium gegenüber dem visuellen Rohmaterial und den Texten in der vorliegenden Publikation leisten? Der Besucher dieser Ausstellung erhält die Gelegenheit die aufgeworfene Forschungsfrage nach der ersten Fremden mit seiner eigenen Sichtweise zu vergleichen oder diese zumindest visuell nachzuvollziehen. Durch die Dokumentation von drei unterschiedlichen Perspektiven wird dem Betrachter eine polyperspektivische Sichtweise auf ein und dieselbe Situation ermöglicht. So kann er sich mittels der visuellen Dokumentation in die Situation eines Wissenschaftlers hineinversetzen. Außerdem hat der Betrachter Zugang zu originärem Rohmaterial und wird dadurch mit Bildern der Wissenschaft konfrontiert. Eine emotionale Teilhabe ist sowohl über die Sichtweise eines Kleinstkindes als auch die Position eines Elternteils nachvollziehbar. Dadurch kann sich jeder Besucher sein eigenes Bild der ersten Fremde imaginieren. Der Betrachter übernimmt die Rolle eines Wissenschaftlers oder Forschungsobjekts, bewegt sich zwischen Distanz und Empathie, fühlt Neugierde und Befremdung, changiert zwischen Objektivität und Subjektivität und erfährt sich selbst zwischen Fremd-Sein und Vertraut-Werden mit vertrauten, noch fremden Bilderwelten. Letztendlich kann der Besucher die vorhandenen Leerstellen in der Ausstellung mit seinen eigenen Wahrnehmungen und Deutungen individuell füllen. Genau darin liegt auch die Stärke der Ausstellung, denn sie präsentiert die einzelnen Elemente des Projektes situativ erfahrbar und ermöglicht dadurch eine offene Lesart. Zusammen mit dieser Publikation ermöglicht die Ausstellung nicht nur eine Auseinandersetzung mit dem Forschungsgegenstand, sondern dient auch der Vermittlung von wissenschaftlichen Prozessen und damit der Wissensproduktion.

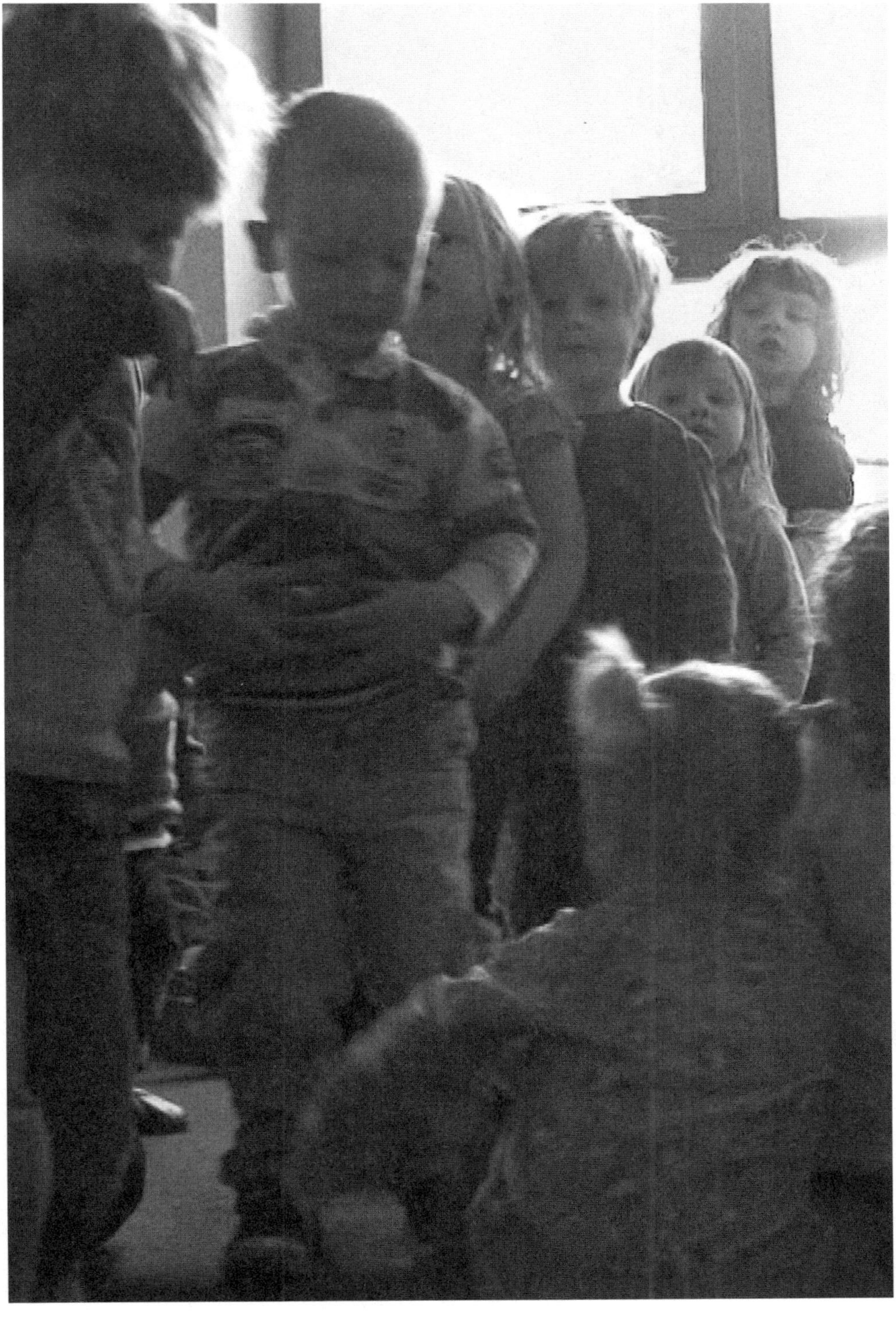

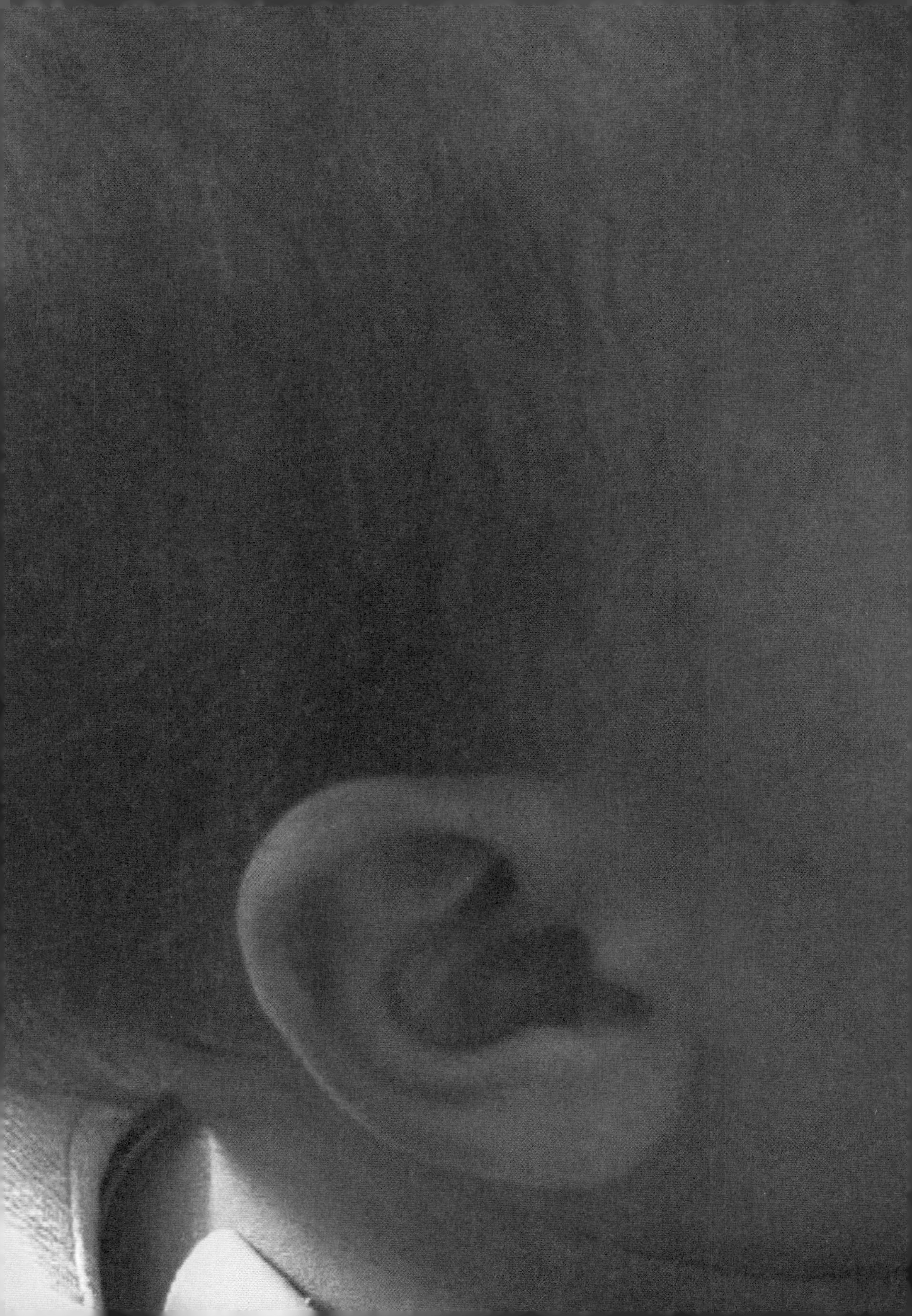

MARTINA
HERRMANN

FRAGILE SELBSTVERWIRKLICHUNG UND SUBTILE FREMDBESTIMMUNG

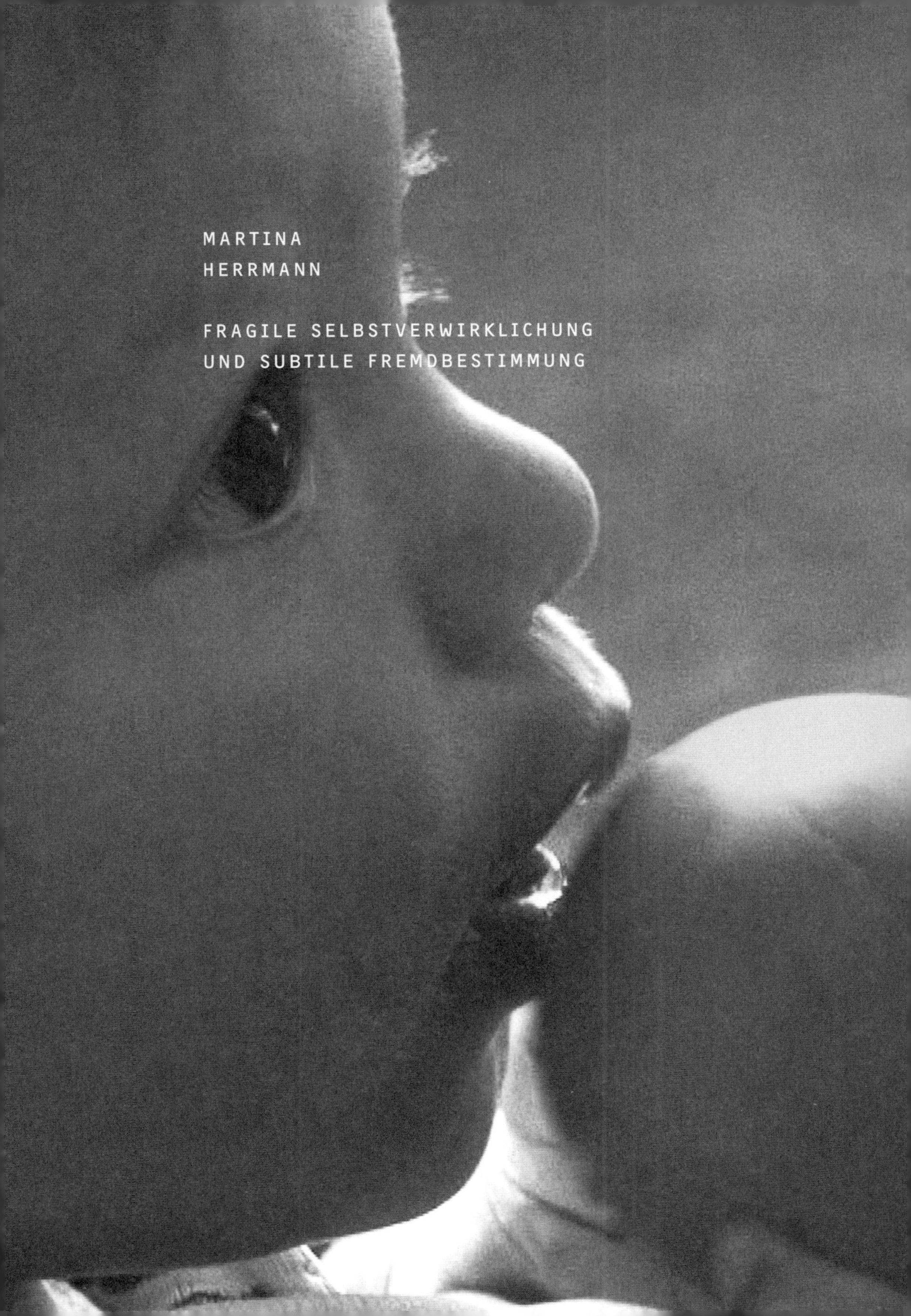

FRAGILE SELBSTVERWIRKLICHUNG UND SUBTILE FREMDBESTIMMUNG

Wir erleben gerade einen Wandel im Leben von deutschen Kleinkindern: es wird zur Normalität, dass Menschen, die jünger sind als drei Jahre, einen großen Teil ihres Tages in Institutionen verbringen. In diesen Institutionen haben Erwachsene von Berufs wegen die Aufgabe, ihnen ein gutes menschliches Leben zu ermöglichen. Das gilt für die Zeit in der Kindertagesstätte und für die Zeit danach, wenn die Kinder in andere Institutionen weiterwandern. Die Welt der Kinder wird je nachdem, wie man will, verdoppelt oder geteilt, und zwar in die Familienwelt und die Tagesstättenwelt. Sie werden von der einen Welt in die andere gebracht, abgegeben und wieder abgeholt. Wie mag das für sie sein? Neu und interessant? Fremd und unheimlich? Unspektakulär und selbstverständlich? Anders?

Die Ausstellung *Die erste Fremde* lässt uns die räumliche Perspektive von Kindern einnehmen. Es ist eine verfremdende Erfahrung, sich im Raum so klein und hilflos zu fühlen. Das lädt zu einer empathischen Wahrnehmung ein: so fühlen sich kleine Kinder in der Kitawelt. Aber das täuscht. Wir können uns letztlich so wenig in Kleinkinder hineinversetzen wie in Fledermäuse. Wir haben zwar Eindrücke, wie Situationen für sie sind, aber wir können diese Eindrücke nicht überprüfen. Babys und Kleinkinder sind letztlich eine *black box*. Sie können uns nicht sagen, wie es sich für sie anfühlt, und wir spekulieren bloß darüber, was in ihnen vorgeht. Darüber hinaus haben Erwachsene keine bewussten Erinnerungen an ihre eigene Kleinkindzeit, die ihnen dabei helfen könnten. Starke Gefühle lassen sich an kleinen Kindern oft wahrnehmen, und sie sind gute Indikatoren für ihr Wohlergehen, aber worauf sie sich beziehen, worauf genau sie damit reagieren und ob sie etwas dabei denken, kann man nicht sehen.

Für Empathie geeignetere Akteure beim Übergang in die Tagesstättenwelt sind die Eltern. Auch ihre Perspektive ist Teil dieser Ausstellung. In offenen Interviews geben sie Auskunft. Eltern geben ihr Kind in ›fremde Hände‹, und das neuerdings und immer öfter nach einer sehr viel kürzeren Zeit, die sie exklusiv in der Kleinfamilie verbringen, als andere Eltern das tun (konnten). Mit der Perspektive der Eltern werde ich mich im Weiteren beschäftigen, wenn auch weniger mit den konkreten Menschen, die wir in der Ausstellung kennen lernen, sondern in etwas allgemeinerer und strukturellerer Form mit der Perspektive von Menschen in ihrer Situation. Etwas genauer gesagt: ich werde mich mit ihren normativen Erwartungen und den realen und möglichen Komplexitäten ihrer Situation, den biographischen Aufgaben, die ihnen aus ihrer Lebenslage erwachsen und den Schwierigkeiten beschäftigen, die sie bewältigen müssen. Im Titel habe ich die assoziationsreichen Begriffe ›Selbstverwirklichung‹ und ›Fremdbestimmung‹ gewählt, um damit sowohl auf die Glückserwartung und das Glücksversprechen durch Elternschaft wie auch auf die Risiken in der Gestaltung dieser Lebenslage unter ihren vielfältigen Anforderungen aufmerksam zu machen.

Moderne Elternschaft

Eltern haben normalerweise ein Ideal, wie sie sich ihr eigenes Leben mit Kind(ern) vorstellen. Die Wertvorstellungen, die sie realisieren wollen, können dabei mehr oder weniger bewusst sein. Wie explizit oder implizit ihre Wertvorstellungen auch sein mögen: Eltern handeln vor dem Hintergrund ihrer eigenen Auffassung vom guten Leben. Soweit sie sich ein Kind gewünscht haben, verbinden sie damit auch eine Vorstellung, wie das Zusammenleben mit Kind aussehen sollte und warum es gut ist, ein Kind zu haben, allein oder als Paar. Das betrifft nicht nur Vorstellungen davon, was an ihrem eigenen Leben gut ist und wie dieses Leben sein sollte, sondern auch wie das Leben des anderen Elternteils ist und sein sollte, und wie das Leben ihres Kindes ist und sein sollte – gemeinsam aufeinander bezogen und jede Person für sich betrachtet.

Es gibt bekanntlich keinen selbstverständlich allgemein akzeptierten normativen Standard für gute Elternschaft, sondern unsere deutsche Gesellschaft kennt verschiedene, durchaus konkurrierende. Und auch ansonsten ist die Pluralität der Lebensstile groß. Es gibt keinen selbstverständlichen Qualitätsstandard für die meisten Aspekte eines guten Lebens wie eine gute Arbeit bzw. eine gelungene Karriere, eine gute Paarbeziehung, Enge und Distanz mit Freunden und der weiteren Familie, Geselligkeit und Rückzug, die richtige Aufgabenteilung in der Familie, Beschäftigung mit abwechslungsreichen Hobbys und attraktive Bereiche der Weiterbildung, spannenden Sport, interessante Reisen. Aber alles wird als sinn- und wertgebend verstanden und erlebt, und es will in einer einzigen Biographie gelebt werden können. Spätestens nach der Geburt eines Kindes gelingen all diese Aspekte nur in enger Abstimmung mit dem Partner. Auch wenn die Menge der Alternativen letztlich endlich ist, es sind unübersichtlich viele und die Individuen stehen allein und als Paar vor der Wahl, wie sie ihr Leben führen wollen. Bei der Elternschaft kommt erschwerend hinzu, dass man sie nicht ausprobieren kann wie das Zusammenleben als Paar. Alle ihr Kind betreffenden Entscheidungen haben eine große Relevanz.

Beide Eltern haben eine Auffassung oder Vorstellung von ihrem eigenen guten Leben. In diese Auffassung eingebunden ist das Wohl der anderen Mitglieder der Familie. Nicht nur man selbst will glücklich sein, man will es auch für die anderen – und dazu bringen beide Eltern ihre mehr oder weniger konkreten Ideen mit. Das kann gut aufeinander abgestimmt sein, wenn beide passende Wertvorstellungen bezüglich des eigenen Lebens und das des Partners haben, und wenn beide sich einig sind, wie sie für ihr Kind handeln sollten und wie mit ihm umzugehen ist. Aber diese Wertvorstellungen vom eigenen Leben und dem der andern können auch nebeneinander herlaufen oder im Konflikt sein. Man kann dabei um Übereinstimmungen und Differenzen wissen oder eben nicht. Selbstverwirklichung in der eigenen Lebensgestaltung und die Abhängigkeit des Gelingens der eigenen Lebensplanung von Beziehungen stehen in struktureller Spannung, weil man nicht davon ausgehen kann, dass Lebenspartner die gleichen idealtypischen Modelle vor Augen haben. Paare, die gemeinsam ihr Leben gestalten, müssen sich einigen, wie viel gemeinsame Zeit mit welchen Aktivitäten sie verbringen wollen, wie in ihrer Partnerschaft mit Geld umgegangen werden soll, wie die Hausarbeit und andere Arbeiten verteilt sein sollen, wie sie Berufsorientierungen aufeinander abstimmen wollen, wie man Arbeitsorte und Wohnorte aufeinander abstimmen kann, usw. Und auch hier ist eine nicht reversible Grundentscheidung die, ob sie Eltern werden wollen – und wie sie das leben wollen.

Komplikationen

Moderne Elternschaft ist also keine leichte Sache. Es ist gewissermaßen ein Geschenk des Schicksals, wenn zwei sich finden und scheinbar mühelos zu einer gemeinsam akzeptierten Auffassung von guter Elternschaft und einer in beiderseitiger Zustimmung gelebten Praxis übergehen. Dass es an vielen Punkten erst einmal und vielleicht dauerhaft hakt, scheint viel wahrscheinlicher. Aus eigener Erfahrung, aber auch aus soziologischer Forschung kennen wir einige strukturelle Komplikationen, die häufige Stolpersteine sind.

Die erste Komplikation betrifft das soziale Geschlecht der Akteure, ihr *Gender*. Alle Bereiche des Lebens sind durchdrungen davon, dass die Alternativen für Frauen und Männer sich unterschiedlich darstellen, ganz besonders die Gestaltung der Elternschaft. Beide Elternteile mögen das Beste für alle wollen und voller guten Willens sein, aber, wenn es um die Konkretisierung geht, immer wieder nicht übereinkommen können. Das kann alles Mögliche betreffen, wie Details der Erziehung, gesunde Ernährung oder die Aufteilung von Aufmerksamkeit auf Partner und Kind.

Besonders hervorstechend in der öffentlichen Aufmerksamkeit sind die verschiedenen Leitbilder bei der Aufteilung der Elternschaft. Frauen erwarten häufiger, dass sich beide Partner gleich stark mit Kind und Erziehung beschäftigen und auch in den anderen Bereichen eine Abstimmung auf der Basis gleicher Aufgaben und gleichen Zeitaufwandes erfolgt. Männer sind zwar im Prinzip von der Gleichstellung überzeugt, sehen aber die Familienaufgaben eher bei den Frauen, erwarten Freiraum und sind von den widersprüchlichen Bildern moderner Männlichkeit hin- und hergerissen (*BMFSFJ* 2007). Das am weitesten verbreitete Modell von Elternschaft gewichtet diese Erwartungen in dem Modell der Vollzeitarbeit für Männer und der Teilzeitarbeit für Frauen, bei einem entsprechend höheren Anteil von Familienaufgaben und damit auch der Beziehung zu den Kindern und ihrer Erziehung bei den Frauen (OECHSLE-GRAUVOGEL 2009).

Eine zweite Quelle für Komplikationen sind kulturelle Unterschiede. Die Interviewten der Ausstellung sind Eltern unterschiedlicher Herkunft, ein Elternteil mit deutschem Hintergrund, eines mit Migrationshintergrund. Ideale guter Elternschaft werden biographisch in Auseinandersetzung mit dem entwickelt, was man erfährt. Die Familienstile der verschiedenen Kulturen können sich stark unterscheiden. Wer sich wann um die Kinder kümmert, ob sie ins Haus oder seine Nähe gehören, in Banden umherstreifen oder viel in verwandten Familien sind, wie sich nähere und weitere Verwandte an der Aufsicht und Erziehung beteiligen, ob kleine Kinder am Körper getragen oder abgelegt werden, ob sie allein oder mit anderen zusammen in einem Zimmer wohnen, bei den Eltern oder den Geschwistern mit im Bett schlafen, ob sie das Essen teilen oder getrennt essen, etwas anderes als oder das gleiche wie die Erwachsenen, ob sie zum Lernen und Arbeiten diszipliniert werden oder eher sich selbst überlassen sind: es gibt im Umgang mit Kindern unüberschaubar viele Variationsmöglichkeiten. Auch hier muss eine gemeinsame Idee und Praxis guter Elternschaft erst einmal hergestellt werden. Erschwerend kommt hinzu: während die Variationen des eigenen kulturellen Hintergrundes Teil der eigenen Erfahrung sind, kennen Partner aus unterschiedlichen Kulturen möglicherweise die familiären Selbstverständlichkeiten des anderen nicht oder haben nur stereotype Vorstellungen davon. Wenn man hier die Perspektive des anderen adäquat erfassen will, um sie zur eigenen in Beziehung setzen zu können, braucht man einiges an Verständnis und Zurückhaltung – in einer Zeit der Umstellung und des Schlafmangels.

Wenn sich die Kleinfamilie konstituiert hat, kann der Eintritt in den Kindergarten bzw. die Kindertagesstätte eine mögliche dritte Quelle von Komplikationen sein. Wenn man von der Zeit der Geburt und gelegentlichen Kontakten mit dem Gesundheitssystem absieht, lebt die Kleinfamilie ihr gemeinsames Leben institutionenfrei. Die Eltern haben die vollkommene Kontrolle über das familiäre Zusammenleben, soweit man einen Säugling, ein Baby oder ein Kleinkind kontrollieren kann. Wenn sie ihr Kind für einen Teil des Tages in eine Kindertagesstätte abgeben, geben sie auch diese Kontrolle ab. Sie können für diesen Teil des Tages nicht mehr wissen, was das Kind tut und was in seiner Erfahrung passiert. Eltern bleiben dabei aber die primär Zuständigen für das Wohl ihres Kindes. Anders als bei der Einschulung haben sie die Freiheit, ihr Kind bei sich zu behalten. Sie haben deshalb aus ihrer Perspektive die moralische Verpflichtung, sich die Kitas sehr genau anzusehen bevor sie sich entscheiden. Zu ihrer Verpflichtung gehört auch, Einflussmöglichkeiten auf die Institution zu suchen und wahrzunehmen. Wenn ihre Vorstellungen von guter Erziehung mit denen der Erzieherinnen nicht übereinkommen, wenn sie glauben, dass es negative Einflüsse auf ihr Kind gibt, dann sind Eltern als Agenten ihrer Kinder besorgt und in ihrer Fürsorge angesprochen, sich einzumischen.

Aber der Elterneinfluss ist bei einer Institution in aller Regel sehr begrenzt. Die Kitawelt hat ihre eigene Dynamik, in der die ErzieherInnen gegenüber den Eltern als Laien einen Anspruch auf Professionalität stellen und durchsetzen können. Das Kleinkind passt sich den Anforderungen und Regeln im Tagesablauf der Kita an, die Eltern in den Übergangssituationen des Bringens und Abholens ebenso. Die Abgabesituation aktualisiert dabei ihre latenten Besorgnisse und Unsicherheiten.

Das Besondere an der Situation von Eltern, die ihr Kind schon sehr früh zur Betreuung an eine Kindertagesstätte abgeben, ist, dass sie wenig Zeit haben, sich nach der Geburt als Kleinfamilie zu stabilisieren. Je jünger das Kind, umso wahrscheinlicher ist es, dass seine Eltern in der Auseinandersetzung zwischen vorher gehegten Wunschvorstellungen und der sich jetzt entwickelnden Realität noch unsicher sind, und dass sich die Eltern noch nicht aufeinander eingespielt haben. Zudem ist die flächendeckende institutionelle Betreuung von Säuglingen, Babys und Kleinkindern insgesamt eine Praxis, die sich gerade erst entwickelt. Deshalb finden Eltern in dieser Situation bisher nur wenige akzeptierte und verfestigte Vorbilder dafür, wie die Aufgabenteilung in einer Familie mit zwei arbeitenden oder studierenden Elternteilen sehr kleiner Kinder aussehen sollte, und wie sie in Zusammenarbeit mit einer Kindertagesstätte gut gestaltet werden könnte. Und während Dreijährige schon etwas aus der Kita erzählen können, hört man von Zweijährigen nur Zweiwortsätze. Was ist gut für ihr Kind? Wie viel Zeit sollte es in der Kita verbringen, welche Phasen des Tages eignen sich? Sollte es regelmäßig oder möglichst nicht an jedem Tag der Woche in der Kita sein? Wäre es für das Wohlergehen und die gute Entwicklung des Kindes nötig, Arbeitszeiten und Studienzeiten nicht nur flexibel zu gestalten, sondern auch zu kürzen?

Ein philosophisches Vokabular

Im Prozess der Einstellung auf ihre neue Situation haben Eltern eine Aufgabe zu lösen, die für manche sehr einfach, für viele aber sehr komplex ist. Für die Beschreibung der Struktur der Aufgabe scheint mir ein Vokabular der Philosophin CHRISTINE KORSGAARD geeignet, das sie für einen anderen Zusammenhang entwickelt hat. Es geht ihr um Moralbegründung. Sie glaubt zeigen zu können, dass Menschen, wenn sie vollkommen rational wären, nicht anders könnten als sich als moralische Wesen zu verstehen. Um dieses Vokabular, bevor ich es anwenden kann, zu entwickeln, bedarf es einiger eher abstrakter Überlegungen, die mit der speziellen Situation von Eltern zunächst nichts zu tun haben.

Der Ausgangspunkt von KORSGAARDS Ethik ist die Tatsache, dass Menschen sich als Handelnde verstehen. Was sie tun führen sie selbst herbei, es stößt ihnen nicht zu. Handlungen sind Ausdruck ihres eigenen Wünschens. Nun geht man aber nicht jedem Wunsch nach, den man spürt. Man widersteht manchen, versucht es jedenfalls, und anderen gibt man seine Zustimmung. Manchmal überlegt man ausgiebiger, was man tun will. Hier kommen Gründe ins Spiel. Eine Person, die aufgrund eines Überlegungsprozesses handelt, entscheidet damit nicht nur über geeignete Mittel, sondern auch über Ziele, die sie für erstrebenswert hält. Indem man bestimmte Gründe für relevant und ausschlaggebend hält und andere für irrelevant, nachgeordnet oder nicht ausschlaggebend, und indem man aus Gründen handelt, die man nach gründlicher Prüfung für sich akzeptiert hat, baut sich ein Netz von praktischen Überzeugungen auf, die festlegen, was für eine Art Person man ist.

So entsteht, in KORSGAARDS Worten, eine »praktische Identität«. Ich bin jemand oder will jemand sein, für den diese Gründe gelten. Diese

Gründe gelten für jemanden, der oder die an den Wert bestimmter Ziele glaubt. Eine praktische Identität ist durch einen zusammengehörenden Komplex von Wertvorstellungen gekennzeichnet, die jemanden in seinem Handeln binden. Beispiele sind die Identität einer Bürgerin, eines Liebenden, einer Angehörigen eines bestimmten Berufes, einer bestimmten politischen Bewegung – und eben auch die Identität einer Mutter oder eines Vaters. Damit man sich an einer praktischen Identität orientieren kann, muss sie eine gewisse innere Einheit oder Integrität der Wertvorstellungen haben. Nur dann kann man seinen Werten entsprechend handeln (KORSGAARD 2009).

Dieser Jargon hat den Vorteil, nicht nur recht griffig zu sein, sondern auch tiefer anzusetzen als etwa der Rollenbegriff. Meine Werteinstellungen oder normativen Gründe sind Teil meiner Persönlichkeit. Sie zu haben heißt auch nach ihnen zu handeln. Wie ich handele bestimmt umgekehrt, welche praktische Identität ich habe. Eine praktische Identität, die mein Leben nur unzulänglich strukturiert, kann ich mir schwer zuschreiben. Da fallen gewissermaßen Ideal und Wirklichkeit zu weit auseinander. Entweder sollte ich die Wirklichkeit dem Ideal anpassen oder das Ideal abändern.

Menschen haben gleichzeitig durchaus unterschiedliche praktische Identitäten, wie sich schon aus den Beispielen ersehen lässt. In der Regel können diese Identitäten gut koexistieren, sogar eine gewisse Geschlossenheit aufweisen, aber es kann zwischen ihnen durchaus auch zu Konflikten kommen. KORSGAARD selbst ist der Meinung, dass man Konflikte zwischen praktischen Identitäten nur moralisch lösen kann. Darauf will ich mich nicht festlegen. Allerdings glaube ich, dass man, wenn man zwischen zwei Identitäten hin- und hergerissen ist, wie z.B. der einer Vollzeitmutter und der einer berufstätigen Frau, man nicht umhin kann, sie auf ein lebbares Maß zu reduzieren. Das geht nur durch Veränderung der eigenen praktischen Identität oder Änderung der Umgebung. Zu den eigenen Wertvorstellungen, eingelassen in die verschiedenen praktischen Identitäten, gehören die Prinzipien des guten eigenen Lebens, und wenn diese ernsthaft sind, werden sie bei der Bearbeitung von Konflikten eine Rolle spielen. Wie eine Person an der Veränderung ihrer praktischen Identität arbeitet, wird von ihren Prinzipien eines guten Lebens abhängen.

Das Vokabular der praktischen Identität, des rational sich verstehenden Handelnden und seiner Wertvorstellungen, seiner Gründe und Konflikte, ist sehr allgemein und macht trotzdem die normativen Orientierungsschwierigkeiten von Eltern miteinander in ihrer Familie und mit der Institution Kita gut beschreibbar. Es vemittelt auch eine Idee davon, was eigentlich normativ angezielt wird: eine praktische Identität für beide Eltern, die aus den bestehenden Einzelidentitäten unter Berücksichtigung von einleuchtenden Gründen entwickelt werden sollte, und die aufeinander abgestimmt ist – gewissermaßen eine gemeinsame praktische Identität als Elternpaar.

Ein weiterer Vorteil dieses philosophischen Vokabulars besteht darin, dass es Benutzer auf kein bestimmtes Konzept von personaler Identität – sei es philosophisch oder sozialpsychologisch – festlegt, auch auf keines vom Selbst. Es setzt nur einen Rahmen: das Selbst ist veränderbar, in unserer Selbstkonzeption als Handelnde haben wir keine starre Ich-Identität, aber ein Selbst ist auch nicht beliebig wandelbar, denn durch eigenes Bemühen angestrebte Veränderungen in der praktischen Identität haben keine willkürlichen Sprünge, sondern unterliegen Rationalitätskriterien.

Der Übergang von der Paarbeziehung zur Familie hat, wie oben beschrieben, strukturelle Eigenschaften, die Anlass für eine Reihe von neuen praktischen Konflikten bieten. Selbst wenn beide sich bis dahin sich als Paar gut einigen konnten, haben sie jetzt eine neue Aufgabe, die Bildung ihrer praktischen Identitäten als Eltern. Sie haben bereits ande-

re praktische Identitäten, als Liebende, als Studierende, als Berufstätige usw. Es ist durchaus offen und unsicher, wie sich die Elternschaft diesbezüglich intrapersonal anschließen und ob sie sich einfügen lässt.

Dazu kommt eine gewisse Wahrscheinlichkeit für interpersonale Konflikte von Paaren durch die mangelnde Vereinbarkeit ihrer praktischen Identitäten im Hinblick auf die Elternschaft. Praktische Identitäten als Eltern können sich leicht aneinander reiben, einfach deshalb, weil in der Konzeption der einen Person davon, wie sie als Elternteil sein möchte und ihr Leben gern gestalten möchte, die andere Person in der Funktion des ergänzenden Elternteils vorkommt. Jede hat ihre eigenen Ideen, aber die andere Person hat darin ihren Ort. Auf sie richten sich Erwartungen und Hoffnungen. Meine Idee von einer wundervollen Partnerschaft in der Elternschaft kann ich nur verwirklichen, wenn mein Partner seinen Teil dazu tut. Das tut er nur, wenn er seine praktische Identität komplementär zu meiner entwickelt hat. Wenn er sich aber als Feierabendvater sieht, haben wir ein Problem.

Bewerten und Abwerten

Ein struktureller Störfaktor bei der Lösung von interpersonalen Konflikten ist gerade bei der gut gelungenen Integration praktischer Identitäten die Selbstverständlichkeit, mit der man sich mit ihnen identifiziert. Gerade wenn man sich seiner Wertvorstellungen sicher ist, kann z.B. die Erwartung des Partners, sich als Elternteil anders zu verhalten, als Zumutung abgewiesen werden. Das ist zunächst paradox, denn es widerspricht der praktischen Identität einer Partnerschaft, es ist aber erklärbar. Wir leben mit der Möglichkeit, dass wir auch anders leben könnten. Selbst wenn wir uns unserer Wertvorstellungen sicher sind, selbst wenn wir manchmal keine Wahl haben, sind Alternativen oft real und immer vorstellbar. Aber auch wenn man sich der Existenz von Alternativen bewusst ist, so hat man sich doch, soweit sie im eigenen Leben erreichbar waren, gegen sie entschieden und sie damit als für sich weniger wünschenswert beiseite gestellt.

Aber warum ist es in der Folge so nahe liegend, andere zu diskriminieren, auf die Lebensweise von anderen, die anders sind und / oder sich anders entschieden haben, herabzusehen? KORSGAARDS Vokabular hilft auch hier weiter. Gelungen ist eine praktische Identität nur, wenn ich mein Leben an ihr ausrichte, und dazu muss ich an die in sie eingelassenen Gründe bzw. Werte auch glauben. ›Glauben‹ heißt soviel wie ›für wahr halten‹ und ist immer mit einem gewissen Anspruch an Objektivität in Form von Verallgemeinerbarkeit verbunden: ein guter Grund wird von allen als Grund akzeptiert. Nur ist die Basis für Verallgemeinerung kleiner als man zu denken geneigt ist.

Es gibt einen schmalen Grat zwischen der Beurteilung von etwas als für die eigene Person gut, richtig oder wünschenswert und dem Urteil, dass etwas objektiv gut für alle ist. Eine Hundebesitzerin hat mir einmal versichert, dass ihrer Meinung nach mit Menschen, die keine Hunde mögen, etwas nicht stimme. Möglicherweise hat sie Recht, aber mir scheint es wahrscheinlicher, dass diesem Urteil ein verbreiteter Denkfehler vorausging. Sie ist von dem Urteil »Es ist für mein Leben eine Bereicherung, die ich nicht missen möchte, dass zu meiner Familie ein Hund gehört« übergegangen zu dem Urteil, »Es ist für jeden Menschen eine Bereicherung, wenn er mit einem Hund zusammenlebt«. Wenn letzteres stimmt, dann macht jemand, der einem Hund gegenüber gleichgültig ist oder Hunde nicht mag, einen Fehler – und insofern würde dann etwas mit ihm nicht stimmen. Aber das zweite Urteil folgt nicht aus dem ersten. Das Problem bei Urteilen dieser Art ist, dass sie dazu führen können, abweichende Werturteile nicht mehr als ernsthafte Alternative zuzulassen. Vielleicht kann ein Leben, in dem Hunde eher stören würden, ein genauso gutes Leben sein.

Das Bedürfnis nach Sicherheit der eigenen Wertvorstellungen ist groß. Sich in seinen praktischen Identitäten gewissermaßen zuhause zu fühlen, ist Bestandteil subjektiven Wohlbefindens. Soweit man dafür Gründe braucht, sollten diese Gründe überzeugend sein. Wenn man sich sicher ist, dass man sich selber nach Wertvorstellungen richtet, die objektiv richtig sind, dann sind sie sozusagen optimal überzeugend. Wer mit den besten Gründen versorgt ist, ist bei der Identifikation mit der eigenen praktischen Identität entlastet. Wenn man auf ähnlich verbindlicher Grundlage weiß, dass jemand anderes in seinen Werturteilen Fehler macht, dann muss man sich damit nicht weiter auseinandersetzen. Es ist einfacher, eine Alternative zu verwerfen, wenn sie etwas an sich hat, was sie objektiv weniger gut macht als eine andere. Sich zu sagen »A ist nichts für mich, aber vielleicht etwas für andere, ich tue B« und dabei beides für gleichwertig zu halten, ist psychologisch anspruchsvoller. Je grundsätzlicher für mein Leben eine Entscheidung ist, umso sicherer möchte ich sein, dass es die richtige ist. Insofern erklärt sich auch ein Stück weit, warum die verschiedenen Vereinbarkeitsarrangements von Eltern verminntes Gelände sind. Kann eine gute Mutter oder ein guter Vater mehr als Teilzeit arbeiten? Kann ein guter Mitarbeiter zum Teil zuhause und weniger arbeiten als andere? Wie sieht eine gute Beziehung zwischen einem Mann und seinem Kind / einer Frau und ihrem Kind aus? Sind gleichgeschlechtliche Paare genauso gute Eltern wie verschiedengeschlechtliche? Wenn sich die eigenen Wertvorstellungen als klar überlegen erweisen ließen, würde das helfen, diese bohrenden Fragen abschließend zu beantworten und man könnte sich seiner Sache sicher sein.

Möglicherweise deshalb gibt es immer eine Tendenz, die praktischen Identitäten anderer für schlechter zu halten und das Leben von Menschen, die anders sind, für weniger gut. Wenn man durch einen interpersonalen Konflikt unter Druck gerät, kann man den nämlich immer von sich abprallen lassen, indem man die Anmutungen einer anderen praktischen Identität geringschätzig zurückweist. Geringer schätzen ist eine Entlastung. Es bestätigt die eigene praktische Identität als wertvoll und enthebt der Notwendigkeit, sich mit den Wertvorstellungen der anderen auseinanderzusetzen. Wer der Meinung ist, dass eine Frau heutzutage jederzeit bemüht sein sollte, ihr eigenes Geld zu verdienen, hat mit Hausfrauen Schwierigkeiten. Wer der Meinung ist, dass ein Kind die engste Bindung zu seiner leiblichen Mutter haben sollte, hat Schwierigkeiten, an die Existenz einer vergleichbar engen Bindung an beide Elternteile oder an soziale Eltern zu glauben. Für wahr gehaltene Wertvorstellungen dieser Art können als Legitimationen für den Versuch benutzt werden, die eigene Paaridentität dem Partner / der Partnerin aufzuzwingen. Die / der andere hat ein antiquiertes Rollenkonzept, sie / er hat veraltete Vorstellungen von Erziehung, sie / er sitzt weniger reflektierten kulturellen Traditionen auf. Das kann ein Versuch der Fremdbestimmung sein, der deshalb subtil ist, weil man es selbst nicht bemerkt. Wenn dann noch Verachtung dazu kommt, ist die Beziehung gestört, denn gute zwischenmenschliche Beziehungen beruhen auf gegenseitiger Achtung.

Die Rolle der Moral

Im sozialwissenschaftlichen Diskurs geht es um die Funktion und das Zusammenspiel von Individuum, Familie und Gesellschaft. Insofern tauchen Normen dem wissenschaftlichen Anspruch nach dort nur beschreibend auf: als individuell, familiär, gruppenspezifisch oder gesamtgesellschaftlich akzeptierte, umstrittene oder abgelehnte Normen. Trotzdem sprechen bekannte Schlagworte aus den Sozialwissenschaften eine andere, eine normative Sprache: Ehe als Partnerschaft, Vereinbarkeit von Beruf und Familie, *dual career family, work-life-balance,* Familie als Herstellungsleistung. Hier steckt in den Schlagworten implizit eine positive Beurteilung bestimmter Vorstellungen davon, wie sich gesellschaftliches Zusammenleben gestalten lässt. Hinter die Annahme von bestimmten Grundwerten als gültig fällt anscheinend auch die Soziologie nicht zurück. Grundwerte, die hier einfließen, scheinen mir das Wohlergehen, die gleichen Chancen auf ein glückliches Leben, die größtmögliche Autonomie in der Lebensgestaltung und der Wert intensiver zwischenmenschlicher Beziehungen zu sein (und eines hohen Bruttosozialproduktes als Mittel dazu).

Gerade Autonomie in der Lebensgestaltung und intensive zwischenmenschliche Beziehungen sind im Familienleben nicht einfach auszubalancieren. Normative Erwartungen, die sich auf den Wert der Autonomie berufen, geraten leicht in Spannung zu denen, die in guten Beziehungen gelebt werden. Sich als autonom verstehende Individuen beharren eher auf ihrem Lebensentwurf und gehen dabei dem in einer Beziehung gesteckten gemeinsamen Ziel geschuldete Kompromisse ein. Sie sind nur insofern offen für andere, als sie darauf eingehen, wenn der andere ihnen einen attraktiveren Entwurf zeigt. Wer autonom ist, begreift sich eher als unabhängigen Einzelnen. Autonomieprinzipien bringen es aber mit sich, dass andere als gleichwertig im Hinblick auf ihre Autonomie geschätzt werden. Insofern steckt im Wert der Autonomie die Achtung anderer und die Kooperationsbereitschaft mit ihnen auf der Basis von Gleichheit. Wer die andere Person als autonomes Individuum achtet, distanziert sich zwar von ihr, aber gewährt ihr Raum für ihre Selbstbestimmung.

In einer guten Beziehung begreift man sich aber durchaus auch anders. Der andere bzw. die andere ist ein nicht austauschbarer Teil des eigenen Lebens, und insofern ist man von ihm oder ihr abhängig. Abhängigkeit in der Beziehung legt eher ein Aufeinander-Zugehen nahe, eine Offenheit gegenüber den Wertvorstellungen des anderen, Fürsorge. In einer guten Beziehung entwickeln sich gemeinsame Lebensentwürfe und man pflegt das Gemeinsame einer Praxis. Es geht gerade nicht darum, sich in Verhandlungen durchzusetzen, sondern die Perspektive des anderen zu einem Teil der eigenen werden zu lassen. Eine enge Beziehung geht über die Kooperation von Individuen hinaus. Wertvoll ist gerade die gemeinsame praktische Identität der Beziehung. Eine gemeinsame praktische Identität als Paar und als Eltern ist einerseits etwas, das als intrinsisch wertvoll und sinnstiftend für das eigene Leben angestrebt wird. Gleichzeitig ist der Prozess der gemeinsamen Herstellung anfällig für asymmetrische Verhältnisse, subtile Fremdbestimmung durch das Aufdrängen von und Sich-Einlassen auf Wertvorstellungen aus der praktischen Identität des anderen (KREBS 2002). Selbstbestimmung in Beziehungen ist eine fragile Angelegenheit.

Die Beziehung zwischen Kita und Eltern hat nicht diese Qualität, kann sie nicht erreichen – und sollte es auch nicht. Kita und Eltern sind Kooperationspartner mit dem gemeinsamen Ziel des Kindeswohls und der guten Erziehung. Kitas können eine die Eltern beeinflussende Rolle spielen und diese zur Fremdbestimmung nutzen. Sie können aber auch eine gewährende oder eine unterstützende Rolle spielen. In einer Gesellschaft mit dem normativen Anspruch, Eltern die größtmögliche Autonomie in der Lebensgestaltung zu gewähren, stehen Kitas unter dem Anspruch, respektvoll gegenüber den praktischen Identitäten von Eltern zu sein. Sie erfüllen möglicherweise ›nur‹ eine soziale Funktion, aber sie sind dabei immer auch moralische Akteure.

LISELOTTE
AHNERT

UNTERSUCHUNGSANSÄTZE IN BISHERIGEN EINGEWÖHNUNGSSTUDIEN

UNTERSUCHUNGSANSÄTZE IN BISHERIGEN EINGEWÖHNUNGSSTUDIEN

Die erste Eingewöhnungsstudie führt in die Londoner Wohnung des britischen Forscherehepaares ROBERTSON, das in den 1960er Jahren unter eigener Betreuungsregie die Eingewöhnungsprozesse von vier Kindern im Alter von 13 bis 18 Monaten dokumentierte (ROBERTSON / ROBERTSON, 1975). Ausführliche Tagebuchaufzeichnungen reflektierten dabei sorgfältige Verhaltensbeobachtungen, die vor allem die Verarbeitung der Trennung der Kinder von ihren Müttern beschrieben und darauf hinwiesen, wie wichtig sensitive Ersatzpersonen sind. Mit der breit angelegten Implementierung öffentlicher Betreuungseinrichtungen in den Ostblockländern entstand dann in den 1970er Jahren eine Mega-Studie, die neben russischen und bulgarischen Krippenkindern auch über 6.000 Krippenkinder in Ostdeutschland untersuchte (vgl. SCHMIDT-KOLMER / TONKOWA-JAMPOLSKAJA / ATANASSOWA 1979). Verhaltensbeobachtungen wurden hier mit medizinischen (z.B. Infekthäufigkeiten, Verdauungs- und Schlafstörungen) und gesundheitlichen Indikatoren (z.B. Wachstum) verknüpft und überzeugten durch den Nachweis negativer Auswirkungen von abrupten Mutter-Kind-Trennungen und unangemessenen öffentlichen Betreuungspraktiken auf die Entwicklung der Krippenkinder.

Von 1983–1987 untersuchten zwei Forschungsteams an der *Freien Universität Berlin* um HELLGARD RAUH und KUNO BELLER Adaptationsverläufe bei Klein- und Kleinstkindern in Westberliner Krippen (vgl. LAEWEN 1989; BELLER / STAHNKE / LAEWEN 1983; RAUH / ZIEGENHAIN 1996). Für die Beobachtungen des Verhaltens setzten sie komplexe Ratingskalen ein, ließen jedoch vor allem das Bindungsverhalten des Kindes zur Mutter und Erzieherin videografieren und auswerten. Die Adaptation von Kleinkindern an die Krippen in der italienischen Toskana erforschte ein Team um GRETA FEIN in den Jahren 1988–1991 (FEIN / GARIBOLDI / BONI 1993). Sorgfältige Verhaltensbeobachtungen verwiesen auf kindliche Anpassungsprobleme noch sechs Monate nach Krippenaufnahme. Etwa zeitgleich – in den Jahren 1986 bis 1989 – wurden in den Krippen Ostberlins Untersuchungen zur so genannten Krippenfähigkeit des Kindes gemacht und dabei medizinische und gesundheitliche Indikatoren erhoben, das Verhalten der Krippenkinder beobachtet, wie auch deren Bindungsqualität zu den Müttern und Erzieherinnen videografiert und bewertet (vgl. AHNERT / LAMB / SELTENHEIM 2000). Im Vergleich zur Eingewöhnung der Westberliner Krippenkinder aus der Studie von RAUH und BELLER (siehe oben) fiel auf, dass das (ideologisch motivierte) gruppenbezogene Verhalten der Ostberliner Erzieherinnen eine Bindung zu den Kindern weniger wahrscheinlich machte als bei Westberliner Erzieherinnen und die Eingewöhnung trotz mütterlicher Begleitung erschwerte (AHNERT 2003). Im weiteren Verlauf dieser Forschung wurden in den Jahren 1992 bis 2002 computergestützte mikroanalytische Analysen des Verhaltens (unter Nutzung eigens entwickelter Software) eingeführt und die kindliche Trennungsbelastung mit Cortisol- und Herzratenmessungen erfasst (AHNERT / LAMB 2000; AHNERT / RICKERT 2000; AHNERT / GUNNAR / LAMB / BARTHEL 2004; AHNERT / LAMB / PORGES / RICKERT submitted). Überraschenderweise ließ sich generell nachweisen, dass die mütterliche Begleitung zwar eine stressreduzierende Wirkung während der Eingewöhnung haben kann, diese jedoch nur solange anhält, wie die Mutter verfügbar bleibt. Wenn die regulären Mutter-Kind-Trennungen begannen, stiegen die Stresspegel der neu aufgenommenen Krippenkinder wieder an und drängten die Erzieherinnen dazu, den kindlichen Belastungen möglichst effizient entgegenzuwirken.

Linus

MARTINA
RITZENHOFF
EINGEWÖHNUNG IN DER FORSCHUNGS-KITA EFFHA

EINGEWÖHNUNG IN DER FORSCHUNGS-KITA EFFHA

Die Kita *EffHa* hat bereits eine 15-jährige Tradition in der Aufnahme von Unter-Einjährigen. Als eine der ersten Einrichtungen wurden seit der Gründung 1994 hier auch wirklich Säuglinge aufgenommen und die Eingewöhnung von Kleinstkindern konzeptionell verankert. Dies ist vor allem deshalb erwähnenswert, da das damalige *GTK,* das *Gesetz für Tageseinrichtungen für Kinder NRW* immer schon die Aufnahme von Kindern ab 4 Monaten vorsah, dies jedoch nur in wenigen Einrichtungen umgesetzt wurde.

Mit der Einführung des *Kinderbildungsgesetzes NRW* 2008 wurde die Kita *EffHa* als Forschungs- und Entwicklungskita und Betriebskita der *Fachhochschule Bielefeld* in die Trägerschaft der *von Laer Stiftung* überführt. Seitdem wurde die Kita langsam zu einer wissenschaftlichen Einrichtung umgestaltet und mit Studierenden und Lehrenden der *FH Bielefeld* zusammen Projekte durchgeführt. Wir haben u.a. die Entscheidung getroffen, auch nach der Einführung der neuen Gruppenstrukturen nach *KiBiz* weiterhin in altersgemischten Gruppen zu arbeiten und auch wie bisher Säuglinge aufzunehmen, weil gerade diese Gruppenstruktur ein optimales Entwicklungsklima für alle Altersgruppen darstellt. Speziell der Altersmischung kommt, wie wir im Folgenden sehen werden, gerade bei der Neuaufnahme eine ganz große Bedeutung zu. Darüber hinaus haben wir die Öffnungszeiten erheblich erweitert und zusätzliche Angebote für Eltern entwickelt. Die Kita soll für MitarbeiterInnen wie Studierende eine wirkliche Entlastung bieten. Gleichzeitig wollen wir für die Kinder eine sichere Umgebung, gute Beziehungen und sowohl anregungsreiche und bewegte wie auch ruhige und zurückgezogene Kitazeiten ermöglichen. Wir verstehen uns als professionelle Einrichtung, in der im Verbund mit Studierenden und Lehrenden ein immer tieferes Verständnis für die Kitaprozesse erarbeitet wird und viele neue Möglichkeiten für die Kinder eröffnet werden. Die Eingewöhnung, oder treffender ›der Übergang von der Familie in eine Kitagruppe‹, ist in unserer Konzeption nach wie vor einer der wichtigsten Bestandteile, die ich hier in vier Punkten darstellen möchte. Wichtig sind uns in unserer

Eingewöhnungskonzeption unsere Positionierung zum Fremdheitsbegriff, die Einbeziehung der Eltern, die Bedeutung der Kindergruppe und die Beziehungsgestaltung mit dem Kind.

›Fremdbetreuung‹ ist kein Begriff für unsere Arbeit

Wir gehen davon aus, dass wir die Kinder in unserer Kita nicht nur betreuen, sonder auch erziehen und bilden. ›Fremd‹ sind wir vielleicht zunächst, weil wir im Rahmen einer Institution professionell arbeiten und die neuen Kinder und ihre Eltern noch nicht kennen. Aber wir sehen es nicht so, dass die Kinder bei uns in ›fremde‹ Hände gegeben würden, und schließen uns Renate Niesel an: »In der Diskussion um die Betreuung von Kindern unter drei Jahren fällt häufig der Begriff ›Fremdbetreuung‹. In diesem Wort schwingt mit, dass das Kind an ›Fremde‹ abgegeben wird. Welche gute Mutter würde so etwas tun? Der Begriff ist allerdings unzutreffend und diskriminierend. Daher sollte er unserer Meinung nach im Zusammenhang mit der Begleitung von Bildungs- und Lernprozessen von Kindern nicht verwendet werden« (NIESEL 2005: S.10).

Diese Positionierung trifft auf unser Selbstverständnis einer Kindertagesstätte, die sich um gute Beziehungen zu den Kindern und Eltern bemüht und einen Tagesablauf bietet, in dem sich auch die Allerkleinsten wohl fühlen können. Sowohl das Wort ›Fremd‹ wie auch das Wort ›Betreuung‹ ergibt einen falschen Eindruck unserer praktischen Arbeit, denn wir bieten Eltern und Kindern einen Ort der Begegnung an, der vor allem lebendig, fröhlich und gemeinschaftlich gestaltet wird.

Die Kita bietet Raum für Eltern, Kinder und ErzieherInnen

Die Zusage für einen Kitaplatz löst bei den Eltern große Freude, aber oft auch Bestürzung aus. Wir bieten bei der Zusage immer sofort einen nochmaligen Besuch der Kita an, und versuchen das Gefühl zu vermitteln: ›Ihr gehört jetzt dazu‹. Die Familie erhält eine ›Einladung zum Sommerfest‹. So können die Eltern die anderen Familien kennenlernen und sich mit der Atmosphäre vertraut machen. Es folgt eine Einladung zum ›Kennenlernnachmittag‹. Die Leiterin begrüßt die Eltern und stellt die Bezugserzieherin oder den Bezugserzieher vor, die dann die ganze Zeit für die Familie zur Verfügung stehen. Man kann sich noch einmal die Kita von innen ansehen, es gibt eine Vorstellungsrunde und die Möglichkeit, in entspannter Atmosphäre das erste Mal sein Kind in der Kita wahrzunehmen. Man kann sich mit den anderen Kita-Eltern austauschen und die Umgangsformen unter den Erzieherinnen kennenlernen.

›Das Aufnahmegespräch‹ erfolgt 3–8 Wochen vor der Aufnahme des Kindes. In der Regel, aber natürlich freiwillig, findet dieses Gespräch zu Hause bei der Familie statt. Die Bezugspädagogen erfragen alles Wichtige: Wie wird das Kind gehalten, wie schläft es ein, benötigt es einen Schnuller? Die Eingewöhnungsphase wird so konkret mit den Eltern besprochen. Die Eltern erhalten einen ›roten Faden‹ zur Eingewöhnung, die ersten Tage werden gemeinsam geplant. Es hat sich gezeigt, dass gerade das ›erste‹ Kennenlernen in der vertrauten Umgebung für alle Beteiligte als entspannt und positiv wahrgenommen wird. Gerade hier kann eine gute Situation geschaffen werden, in der sich Eltern – in erster Linie Mütter – und PädagogInnen gut kennenlernen können. Die vertrauensvolle und partnerschaftliche Beziehung zwischen Mutter und PädagogIn ist die wesentliche Grundlage für die Gestaltung der Eingewöhnung. Sie schafft Sicherheit und die Voraussetzung damit die Pädagogen empathisch und zugewandt auf die Wünsche und Bedürfnisse der Mütter eingehen können.

Nicht nur für das Kind ist der Kitabesuch ein großer Schritt, auch für die Mütter ist es in der Regel ein emotional sensibler und oftmals auch verunsichernder Moment, in dem sie sich überfordert fühlen. Darum ist es entscheidend, dass eine wertschätzende und vor allem empathische Beziehung zwischen pädagogischen Fachkräften und Mutter bzw. Vater entsteht. Wir betrachten uns als Entwicklungsbegleiter der Kinder und verstehen uns als Partner der Eltern. Gemeinsam – sozusagen als Tandem – sind wir für das Kind da.

Die Kindergruppe in der Eingewöhnung

Gerade die anderen Kinder können für die ›Neuen‹ sehr wichtig sein. Heute wissen wir, dass Kinder sich nicht nur an der Beziehung zur ErzieherIn orientieren, sondern auch mindestens genauso an den Beziehungen untereinander und davon profitieren in einer Kindergruppe zu sein. Durch die Spielbeziehungen mit Erwachsenen und Kindern entwickeln auch Unter-Dreijährige Lernprozesse durch vielfache und sich wiederholende interaktive Erfahrungen. Kinder entwickeln sozusagen ein Gefühl von Verbundenheit mit den Kindern, die in der gleichen Situation sind. Speziell in der Konstellation der ehemals *Kleinen Altersgemischten Gruppe* sind die Kontakte und Unterstützungen auch zwischen jüngeren und älteren Kindern bemerkenswert und wichtig, das beobachten wir immer wieder. Diese Beziehungen bieten den ›neuen‹ Kindern ein großes Maß an Sicherheit und Vertrauen für einen gelungenen Übergang. So wird die Kindergruppe am Vortag nochmals informiert, wenn ein neues Kind in die Kita kommt. Die Kinder bereiten dann das Garderobenfach des neuen Kindes vor und gestalten ein ›Willkommensplakat‹ für Kind und Familie, das an der Tür des Gruppenraumes aufgehängt wird.

Beziehung statt Bindung

Wir gehen davon aus, dass Kinder durchaus in der Lage sind im ersten Lebensjahr Beziehungen zu verschiedenen Personen aufzubauen. Es kommt nicht nur auf die Mutter an: Babys und Kleinkinder können durchaus auch Beziehungen zu mehreren Personen entwickeln, die unabhängig voneinander sind und die das Kind sehr wohl unterscheiden kann. Mütter befürchten manchmal, dass andere Erwachsene für ihr Kind wichtiger werden könnten als sie selbst. Die Eltern- bzw. Mutter-Kind-Bindung wird jedoch durch die Betreuung des jungen Kindes in einer Kindertagesstätte oder bei einer Tagesmutter nicht verschlechtert. Für uns ist es wichtig eine gute und stabile Beziehung zu den Kindern aufzubauen, auf die sie sich verlassen können. Dabei gehen wir davon aus, dass wir eine sichere Beziehung zu dem Kind entwickeln, in der es sich bis zu sechs Jahren wohl und sicher fühlen kann. Die anfängliche Beziehung zur ›BezugserzieherIn‹ weitet das Kind schnell auf andere Teammitglieder aus, nachdem es ›sicher‹ in dem Kitaalltag angekommen ist. Dabei ist für uns vor allem der Kontext, in dem sich die neue Beziehung zur BezugserzieherIn entwickelt von großer Bedeutung. Alle Teammitglieder sind sich dieser Verantwortung bewusst, es gibt ausreichend Zeit für das neue Kind und die Familie, so dass eine langsame Eingewöhnung stattfinden und das Kind in seinem eigenen Rhythmus und seiner Zeit bei uns ankommen kann. Bei der Verabschiedung wird jeder Eingewöhnungstag mit Kind und Eltern reflektiert und überlegt ob es Dinge gibt, die für den nächsten Tag wichtig sind, z.B. ob bestimmte Spielsachen mitgebracht werden. Für uns ist es wichtig unmittelbar, angemessen und verstehend auf die Bedürfnisse des Kindes einzugehen. Folglich gibt es bei uns für die Kleinsten auch keine festen Schlafens- oder Essenszeiten. Hier bestimmt das Kind den Rhythmus. Aus diesem Selbstverständnis sehen wir uns eben nicht als Bindungspersonen für die Kinder, sondern als Beziehungspartner. Die Gestaltung des Übergangs wird von uns als professionelle Herausforderung gesehen, ebenso wie der Übergang von der Kita in die Schule. Insgesamt verläuft die Eingewöhnungszeit immer unterschiedlich, mal länger und mal kürzer, allerdings immer nach einem gemeinsam mit den Eltern besprochenen Konzept. Es ist unser Anliegen, die Eltern und die Kinder optimal darin zu unterstützen, in der

Kita anzukommen, eine professionelle Haltung freundlich und emotional zugewandt zu entwickeln und vor allem auch immer wieder miteinander lachen zu können. Ein lebendiges und respektvolles Miteinander aller Beteiligten ist unserer Meinung nach die Grundvoraussetzung, damit Kinder sich in der Kita wohlfühlen können. Gelungen ist der Übergang dann, wenn Kinder gerne und freiwillig in die Kita gehen und sich auf ›ihre Kita‹ freuen.

BIBLIOGRAFIE CORNELIA GIEBELER

AHNERT, L. (2010): *Wieviel Mutter braucht ein Kind?* Heidelberg.

AHNERT, L. (2008) (Hg.): *Frühe Bindung. Entstehung und Entwicklung* (2. Auflage). München

AHNERT, L. (2006): *Bindung und Bildung bei multiplen Betreuungserfahrungen.* In: Irsksen, B. (Hg.), Wach, neugierig, klug – Kinder unter 3. Medienpaket der Bertelsmann-Stiftung. Gütersloh

APPADURAI, A. (1998): *Globale Ethnische Räume. Bemerkungen und Fragen zur Entwicklung einer transnationalen Anthropologie.* In: Beck, U. (Hg.) Perspektiven der Weltgesellschaft. Frankfurt, S. 11–40.

BARZ, M. / GIEBELER, C. (2011): *Geschlecht und Soziale Arbeit. Identitätspolitische Fragen und systematische Vermittlung von Geschlechterdiskursen.* In: Kraus, B.; Effinger, H.; Gahleitner, S.; Miethe, I.; Stövesand, S.; (Hg.) Soziale Arbeit zwischen Generalisierung und Spezialisierung, Opladen

BELLER, K. (2002): *Eingewöhnung in die Krippe. Ein Modell zur Unterstützung der aktiven Auseinandersetzung aller Beteiligten mit Veränderungsstress.* Frühe Kindheit, 5, 2, S. 9–14.

BERTELSMANN-STIFTUNG http://www.bertelsmann-stiftung.de/cps/rde/xchg/SID-50A6E625-BEB46EBF/bst/hs.xsl/nachrichten_98704.htm download 27.6.2011

BERTELSMANN-STIFTUNG (2004): KiTa-Preis zum Thema ›Eingewöhnung‹. Vorstellung der Preisträger. Gütersloh

BOWLBY, J. / AINSWORTH, M. D. SALTER (2001): *Frühe Bindung und kindliche Entwicklung Serie: Beiträge zur Kinderpsychotherapie.* Bd. 13 Auflage: 4., neugestaltete Aufl., München, Basel

BÜHLER-NIEDERBERGER, D. / SÜNKER, H. (2003): *Von der Sozialisationsforschung zur Kindheitssoziologie – Fortschritte und Hypotheken.* In: Bernhard, A. Kremer, A. und Rieß, F. (Hg.): Kritische Erziehungswissenschaft zwischen Bildungsreform und Restauration. Hohengehren, S. 200–220.

BMFSFJ (2005): Expertise *›Lebensökonomie als (mögliches) Leitbild einer nachhaltigen Familienpolitik‹.* Berlin

BURAT-HIEMER, E. / BODENBURG, I. / WEHRMANN, I. (2011): *Kinder von 0 bis 3 – Basiswissen. Ein gelungener Start in die Kita. Behutsame Eingewöhnung von 0- bis 3-Jährigen.* Berlin

CASTLES, S. / MILLER, M. J. (2008): *The age of migration: international population movements in the modern world.* Basingstoke

CRENSHEW, K. W. (1993): *Beyond Racism and Misogyny: Black Feminism and 2 Live Crew.* In: Matsuda, M. J.; Lawrence, C. R. III.; Delgado, R.; Crenshaw, K. W. (Hg.) Words That Wound: Critical Race Theory, Assaultive Speech, and the First Amendment. Boulder, San Francisco, Oxford, S. 111–132.

DEEGAN, M. J. (1990): *Jane Addams and the Men of the Chicago School: 1892–1918.* New Brunswick (u.a.)

DIEHM, I. (2008): *Pädagogik der frühen Kindheit in der Einwanderungsgesellschaft.* In: Thole, W.; Roßbach, H.-G.; Fölling-Albers, M.; Tippelt, R. (Hg.) Bildung und Kindheit. Pädagogik der Frühen Kindheit in Wissenschaft und Lehre. Opladen, S. 203–212.

DITTRICH, S. / GIEBELER, C. (2002): *›Nutzungsmöglichkeiten und Potenziale der*

Forschungsmethode ›Gruppendiskussion‹ in Arbeitsfeldern von Sozialarbeit / Sozialpädagogik und Sozialarbeitsforschung. Erfahrungen mit Studentinnen und Studenten einer Fachhochschule für Sozialarbeit und Sozialpädagogik.‹ Ein Beitrag in der AG6 ›Qualitative Forschungsmethoden in der Aus- und Weiterbildung / Studium als Professionalisierungskontext‹ im Rahmen der Jahrestagung der Sektion Biographieforschung in der Deutschen Gesellschaft für Soziologie, Universität Bamberg

DÖRFLER, M. (1994): *Der offene Kindergarten – Ideen zur Öffnung aus Theorie und Praxis.* In: Deutsches Jugendinstitut (Hg.) Orte für Kinder. München

DRÄGER, T. (2008): *Gender Mainstreaming im Kindergarten.* Stuttgart

EHRENREICH, B. / HOCHSCHILD, A. R. (2004): *Global woman: nannies, maids, and sex workers in the new economy.* New York

ERIKSON, E. (1992): *Der vollständige Lebenszyklus;* 2. Aufl., Frankfurt am Main

FEIN, G. G. (1996): *Die Eingewöhnung von Kleinkindern in der Tagesstätte.* In: Tietze, W. (Hg.) Trends, internationale Forschungsergebnisse, Praxisorientierungen. Neuwied

FRIEBERTSHÄUSER, B. (1999): *Ethnographische Feldforschung in einer Forschungswerkstatt.* In: Homfeldt, H.-G.; Schulze-Krüdener, J.; Honig, M.S. (Hg.) Qualitativ-empirische Forschung in der Sozialen Arbeit. Impulse zur Entwicklung der Trierer Werkstatt für professionsbezogene Forschung. Trier, S. 65–95.

FUCHS, M. / BERG, E. (1993): *Phänomenologie der Differenz. Reflexionsstufen ethnographischer Repräsentation,* In: Berg, E.; Fuchs, M., (Hg.) Kultur, soziale Praxis. Frankfurt am Main

GÄRTNER, A. (2007): *Die erste Schwangerschaft. Untersuchungen zum Übergang zur Mutterschaft und zur Anbahnung der frühen Mutter-Kind-Beziehung im Rahmen eines Lehrforschungsprojektes.* In: Giebeler u.a. (Hg.) Fallverstehen und Fallstudien. Interdisziplinäre Beiträge zur rekonstruktiven Sozialarbeitsforschung. Opladen

GARCÍA CANCLINI, N. (2005): *Diferentes, Desiguales y Desconocidos. Mapas de la Interculturalidad.* Barcelona

GEERTZ, C. (1991/ 1983): *Dichte Beschreibung. Beiträge zum Verstehen kultureller Systeme.* Frankfurt am Main

GENNEP, A. VON (1909): *Les rites de passage.* Paris

GIEBELER, C. (2002): *Kleinstkinder in der Tagesstätte und was Erzieherinnen davon halten ... Erste Ergebnisse einer Feldforschung als Beitrag zur öffentlichen Kinderbetreuung.* In: Zeitschrift ›Supervision‹, Heft 1 / 2002. Münster

GIEBELER, C. (2007): *Ethnografische Ansätze zur Rekonstruktion sozialer Praxis. Der ethnografische Repräsentationsdiskurs.* In: Miethe, I.; Fischer, W.; Giebeler, C.; Goblirsch, M.; Riemann, G. (Hg) Intervention und Rekonstruktion. Interdisziplinäre Beiträge zur rekonstruktiven Sozialarbeitsforschung. Leverkusen, S. 81–102

GIEBELER, C. (2009): *›Doing-Gender‹ in der Elementarpädagogik. Eine Fallrekonstruktion zur Herstellung binärer Geschlechtlichkeit und pädagogische Konsequenzen für die Bildungsarbeit mit Kindern.* In: Knauf, H.; (Hg.) Frühe Kindheit gestalten. Neue Paradigmen für Bildung und Betreuung von 0- bis 6-jährigen. Stuttgart, S. 137–149

GIEBELER, C. (2003): *Bildung für kleine Menschen. Kleinstkindpädagogik in der Kleinen Altersmischung.* In: Der Paritätische NRW: Denkanstösse III, ›Leinen los!

Bildung von Anfang an‹. Wuppertal, S. 34–47

GIEBELER, C. (2006): *Bildungsprozesse von Kita und Grundschule anschlussfähig machen!? Das ›Schulfähigkeitsprofil‹ und die ›Bildungsvereinbarung‹ in Nordrhein-Westfalen.* In: Diskowski, Detlef (Hg): Übergänge gestalten. Hohengehren, S. 175–190

GIEBELER, C. (2005): *Vereinbarkeit von Elternschaft und Beruf durch institutionelle Früherziehung: Frühkindliche Entwicklung und Grundsätze der Kleinstkindpädagogik.* Vortrag zur Equal-Tagung 16. Juni 2005 Stadthalle Bielefeld und 10.11.2005 Lokales Bündnis für Familie, Technologiezentrum Bielefeld

GIEBELER, C. (2006): *›Engendering Social Work‹ – Conceptos teóricos y metodológicos feministas en su relación con el trabajo social.* En: García, F. A.; Ostariz, J. G.; Sarmiento, J., M.a (Ed.): IV Congreso de Facultades y Escuelas de Trabajo Social. Zaragoza

GIEBELER, C. (2007): *Alle unter einem Dach. Bildung und Erziehung der Kinder von 0–6 in der Altersmischung.* In: Kerz, M.; Leibrich, K. (Hg.) Der Kiga-Profi – Kleine Kinder, Große Aufgaben. Praxishandbuch rund um die Betreuung Unter-Dreijähriger in Kiga und Kita. Band 5. S. 7–21

GIEBELER, C. (2007): *Ethnografische Ansätze zur Rekonstruktion sozialer Praxis. Der ethnografische Repräsentationsdiskurs.* In. Miethe, I.; Fischer, W.; Giebeler, C.; Goblirsch, M.; Riemann, G. (Hg.) Intervention und Rekonstruktion. Interdisziplinäre Beiträge zur rekonstruktiven Sozialarbeitsforschung. Opladen

GIEBELER, C. (2007): *Perspektivenwechsel in der Fallarbeit und Fallanalyse.* In: Giebeler, C.; (Hg.) u. a.: Fallstudien und Fallverstehen. Beiträge zur interdisziplinären rekonstruktiven Sozialarbeitsforschung. Opladen, S. 9–22

GILDEMEISTER, R. / WETTERER, A. (1992): *Wie Geschlechter gemacht werden. Die soziale Konstruktion der Zweigeschlechtlichkeit und ihre Reifizierung in der Frauenforschung.* In: Knapp, G.-A.; Wetterer, A. (Hg.) TraditionenBrüche. Entwicklungen feministischer Theorie. Freiburg i. Br., S. 201–254

GLASER, B. G. / STRAUSS, A. (1998/1967): *Grounded Theory. Strategien qualitativer Forschung.* Bern

GLESER, C. (2002): *Förderung und Bildung von Kindern unter drei Jahren in kleinen altersgemischten Gruppen: Eine explorative Studie zu Sichtweisen von Erzieherinnen in Elternvereinen.* Landau

GLESER, C. (2003): *Mitmischen als Methode – Die kleine altersgemischte Gruppe in NRW.* In: Der Paritätische NRW: Denkanstösse III, ›Leinen los! Bildung von Anfang an‹. Wuppertal, S. 16–33

GRUBER, R. / SIEGEL, B. (Hg.) (2008): *Offene Arbeit in Kindergärten.* Weimar / Berlin

GRUNERT, C. (2006): *Erziehungswissenschaft – Pädagogik,* in: Krüger, H.H.; Grunert, C.: Wörterbuch Erziehungswissenschaft. Opladen, S. 152

HALL, S. (2004): *Ideologie, Identität, Repräsentation.* Ausgewählte Schriften 4, Hamburg

HANSES, A. (2007): *Perspektiven forschenden Lernens für die Soziale Arbeit. Erfahrungen aus lehrender und forschender Perspektive.* In: Giebeler, C., u.a. (Hg.) Fallverstehen und Fallstudien. Interdisziplinäre Beiträge zur rekonstruktiven Sozialarbeitsforschung. Opladen

HÉDERVÁRI-HELLER, É. (2010): *Eingewöhnung.* Stuttgart

HELSPER, W. / KRÜGER, H. / RABE-KLEBERG, U. (2000): *Professionstheorie, Professions-*

und Biografieforschung – Einführung in den Themenschwerpunkt. Zeitschrift für qualitative Bildungs-, Beratungs- und Sozialforschung, 1

HILDENBRAND, B. (1999): *Fallrekonstruktive Familienforschung.* Opladen

HIRSCHAUER, S. (1994): *Die soziale Fortpflanzung der Zweigeschlechtlichkeit.* In: Kölner Zeitschrift für Soziologie und Sozialpsychologie. Heft Nr. 4. 1994, S. 668–692.

HONIG, M. / JOOS, M. / SCHREIBER, N. (Hg.) (2004): *Was ist ein guter Kindergarten? Theoretische und empirische Analysen zum Qualitätsbegriff in der Pädagogik.* Weinheim, Müchen

HUMBOLDT, W. VON (1981) *Über die Organisation der höheren wissenschaftlichen Anstalten in Berlin,* In: ders.: Werke in fünf Bänden, Flitner, A.; Giel, K. (Hg.) Bd. 4. Darmstadt, S. 255–266.

IRSKENS, B. / NIESEL, R. / OBERHUEMER, P. (2006): *Wach, neugierig, klug – Kinder unter 3. Ein Medienpaket für Kitas, Tagespflege und Spielgruppen.* Gütersloh

JUNG, P. / SCHMIDT, K. / BOLLIG, S. (2004): *Qualität als performatives Konstrukt. Drei ethnografische Studien zum Alltag von Kindergärten.* In: Honig, M.-S.; Joos, M.; Schreiber, N. (Hg.) Was ist ein guter Kindergarten? Theoretische und empirische Analysen zum Qualitätsbegriff in der Pädagogik. Weinheim, Müchen, S. 119–226

JUNGMANN, T. / REICHENBACH, C. (2009): *Bindungstheorie und pädagogisches Handeln. Ein Praxisleitfaden.* Dortmund

KÖSTER, E. (2005): *Neue Kinder eingewöhnen – auch ein Gruppenthema. Gute Eingewöhnung verlangt qualitative Absicherung.* In: TPS, 6/2005, S. 20–22.

KNOBLAUCH, H. (2001): *Fokussierte Ethnographie: Soziologie, Ethnologie und die neue Welle der Ethnographie.* In: Sozialer Sinn. Zeitschrift für hermeneutische Sozialforschung, S. 123–141

KRAIMER, K. (2000): *Die Fallrekonstruktion – Bezüge, Konzepte, Perspektiven,* in: Kraimer, Klaus (Hg.). Die Fallrekonstruktion, S. 23–57.

KRAIMER, K. (2003): *Zwischen Disziplin und Profession: Ein Beitrag zur fallrekonstruktiven Erforschung der professionalisierten Praxis am Beispiel der ›Hilfen zur Erziehung‹.* In: Schweppe, C.: Qualitative Forschung in der Sozialpädagogik. Opladen, S. 167–184

KRISTEVA, J. (1990): *Fremde sind wir uns selbst.* Frankfurt am Main

LAEWEN, H. / ANDRES, B. / HÉDERVÁRI, É. (1993): *Auf dem Weg zu einer neuen Kleinkindpädagogik. Anmerkungen zur Tagesbetreuung von Kleinkindern in Kindertagesstätten und ein Modell zur Gestaltung der Eingewöhnungsphase.* Berlin

LEDIG, M. / SCHNEIDER, K. / ZEHNBAUER, A. (1996) *Orte für Kinder. Pluralisierung von Betreuungsformen. Öffnen von Institutionen.* In: Zeitschrift für Pädagogik, Jahrg.: 48, Heft 3, S. 347–364.

LIEGLE, L. (2007): *Was bringt die erweiterte Altersmischung? Innovatives Konzept oder Notlösung?* In: Kindergarten heute, Ausgabe 6–7 / 2007.

LILL, G. (2006): *Einblicke in Offene Arbeit.* Sonderheft der Zeitschrift: Betrifft KINDER. Weimar / Berlin.

LINGENAUBER, S. (Hg.) (2004): *Handlexikon der Reggio-Pädagogik.* Bochum

LÜDTKE, H. (Hg.) (1973): *Erzieher ohne Status? Beiträge zum Problem der strukturellen Unsicherheit in pädagogischen Berufen.* Heidelberg

MIETHE, I. (2007): *Rekonstruktion und Intervention. Zur Geschichte und Funktion eines schwierigen und innovativen Verhältnisses.* In: Miethe, I., u.a. (Hg.) Rekonstruktion und Intervention. Interdisziplinäre Beiträge zur rekonstruktiven Sozialarbeitsforschung. Opladen

MIETHE / FISCHER / GIEBELER / GOBLIRSCH / RIEMANN (2007): *Rekonstruktion und Intervention. Interdisziplinäre Beiträge zur rekonstruktiven Sozialarbeitsforschung.* Rekonstruktive Forschung in der Sozialen Arbeit, Band 4. Opladen

MOHN, B. (2008): *Die Kunst des dichten Zeigens. Aus der Praxis kamera-ethnographischer Blickentwürfe.* In: Binder; Neuland-Kitzerow; Noack: Kunst und Ethnografie. Zum Verhältnis von visueller Kultur und ethnografischen Arbeiten. Berliner Blätter 46 /2008, S. 61–72

MOHN, B. / HEBENSTREIT-MÜLLER, S. (2008): *Trennungsschmerz und Kita-Lust Begleitpublikation zur DVD.* Kamera – Ethnografische Studien des Pestalozzi-Fröbel Hauses. Institut für visuelle Ethnografie, Berlin

MOHN, E. / AMANN, KLAUS (1998): *Forschung mit der Kamera.* In: Anthropolitan Jg. 6:4–20. Frankfurt am Main

OEVERMANN, U. (2000): *Die Methode der Fallrekonstruktion in der Grundlagenforschung sowie der klinischen und pädagogischen Praxis.* In: Die Fallrekonstruktion

OTTO, H. U. / OELERICH, G. / MICHEEL, H. (2003): *Empirische Forschung und Soziale Arbeit. Ein Lehr- und Arbeitsbuch.* Neuwied

PETERSEN, G. (1989): *Kinder unter 3 Jahren in Tageseinrichtungen* Band 1: Grundfragen der pädagogischen Arbeit in altersgemischten Gruppen, Köln (u.a.)

PRATT, M. L. (1991): *Arts of the Contact Zone.* From Profession 91. New York, S. 33–40.

PRZYBORSKI, A. / WOHLRAB-SAHR, M. (2008): *Qualitative Sozialforschung. Ein Arbeitsbuch.* München

RABE-KLEBERG, U. (2003): *Gender Mainstreaming und Kindergarten. Gender Mainstreaming in der Kinder- und Jugendhilfe.* Berlin, Weinheim, Basel

RAUH, H. (1975): *Bedingungen, Chancen und Gefahren frühkindlicher Soialisation in Hinblick auf die Einrichtung von ›Tagesmüttern‹.* In: Schulz / Ruelcker / Rheinländer (Hg.) Tagesmütter. Weinheim und Basel

RAU, H. / ZIEGENHAIN, U. (1996): *Krippenerfahrung und Bindungsentwicklung.* In: Tietze, W. (Hg.) Früherziehung. Trends, internationale Ergebnisse, Praxisorientierungen. Neuwied

REIM, T. / RIEMANN, G. (1997): *›Die Forschungswerkstatt. Erfahrungen aus der Arbeit mit Studentinnen und Studenten der Sozialarbeit / Sozialpädagogik und Supervision.‹* In: Jakob, G.; Wensierski, H.-J. v. (Hg.) Rekonstruktive Sozialpädagogik. Weinheim, S. 223–238.

RICHMOND, M. (1917): *Social Diagnosis,* New York Sage Foundation. S. 395–404, S. 413–419

RIEMANN, G. (2000): *Die Arbeit in der sozialpädagogischen Familienberatung. Interaktionsprozesse in einem Handlungsfeld der sozialen Arbeit.* Weinheim und München

RIEMANN, G. (2003): *Chicagoer Schule.* In: Bohnsack, R.; Marotzki, W.; Meuser, M. (Hg.) Hauptbegriffe Qualitativer Sozialforschung. Opladen, S. 26–29

RIEMANN, G. (2004): *Die Befremdung der eigenen Praxis.* In: Hanses, A. (Hg.) Biografie und soziale Arbeit. Baltmannsweiler, S. 241–260

RIEMANN, G. (2010) *Formen der Vermittlung fallanalytischer Forschungskompetenz im Studium der Sozialen Arbeit.* In: Bock, K.; Miethe, I.; (Hg.) Handbuch Qualitative Methoden in der Sozialen Arbeit. Opladen, S. 555–560

RIEMANN, I. / WÜSTENBERG, W. (2004): *Die Kindergartengruppe für Kinder ab einem Jahr öffnen? Eine empirische Studie.* Frankfurt am Main

SCHIMPF, E. (2007): *Lebensraumerkundungen als forschendes Lernen.* In: Giebeler, C., u.a. (Hg.) Fallverstehen und Fallstudien. Interdisziplinäre Beiträge zur rekonstruktiven Sozialarbeitsforschung. Opladen

SCHROER, S. / SCHULZE, H. (2010): *Grounded Theory.* In: Bock, K.; Miethe, I. (Hg.) Handbuch Qualitative Methoden in der Sozialen Arbeit. Opladen, S. 277–288

SCHÜTZE, F. (1994): *Ethnografie und sozialwissenschaftliche Methode der Feldforschung. Eine mögliche Orientierung in der Ausbildung und Praxis der Sozialen Arbeit?* In: Groddeck, N.; Schumann, M. (Hg.): Modernisierung Sozialer Arbeit durch Methodenentwicklung und -reflexion. Freiburg i. Br., S. 189–297

SCHÜTZE, F. (2000): *Die Fallanalyse. Zur wissenschaftlichen Fundierung einer klassischen Methode der Sozialen Arbeit.* In: Rauschenberg / Ortmann / Karsten (Hg.) Der Sozialpädagogische Blick – Lebensweltorientierte Methoden in der sozialen Arbeit, Weinheim / München, S. 191–222

SCHULZ, M. / CLOOS, P. (2011) *Kindliche Bildungsprozesse beobachten. Ethnografie einer professionellen Praxis in Kindertagesstätteneinrichtungen.* In: np 2/11. S. 125–143

SCHWEPPE, C. (2003): *Qualitative Forschung in der Sozialpädagogik.* Opladen

SCHWEPPE, C. / THOLE, W. (Hg.) (2005): *Sozialpädagogik als forschende Disziplin. Theorie, Methode, Empirie.* Weinheim

STRAUSS, A. (1998): *Grundlagen qualitativer Sozialforschung. Datenanalyse und Theoriebildung in der empirischen soziologischen Forschung.* München

STRÄTZ, R. (1998): *Betreuung, Erziehung und Bildung in altersgemischten Gruppen.* In: Sturzbecher, D. (Hg) Kinderbetreuung in Deutschland. Bilanzen und Perspektiven. Freiburg, S. 128–143

TEDLOCK, B. (1991): *From participant observation to the observation of participation. The emergency of narrative ethnography,* In: Journal of anthropological research, 47 (1), p. 69–94.

TRINH MINH-HA, T. (1989): *Woman, native, other: writing postcoloniality and feminism.* Bloomington

TURNER, V. (1964): *Betwixt and Between: The Liminal Period in Rites de Passage.* In: Melford E. S. (Hg.) Symposium on New Approaches to the Study of Religion. Seattle

VIERNICKEL, S. / VÖLKEL, P. (Hg.) (2009): *Beobachten und Dokumentieren im pädagogischen Alltag. 5.,* völlig überarbeitete Auflage. Freiburg

WALDENFELS, B. (1997): *Topografie des Fremden. Studien zur Phänomenologie des Fremden 1.* Frankfurt am Main

WALGENBACH, K. / DIETZE, G. / HORNSCHEIDT, A. / PALM, K. (2007): *Gender als interdependente Kategorie. Neue Perspektiven auf Intersektionalität, Diversität und Heterogenität.* Opladen, Farmington Hills

WEISS, K. / STEMPINSKI, S. / SCHUMANN, M. / KEIMELEDER, L. (2009): *Qualifizierung in der Kindertagespflege. Das DJI-Curriculum Fortbildung von Tagespflegepersonen.* Seelze-Velber

WELTZIEN, D. / VIERNICKEL, S. (2008): *Einführung stärkenorientierter Beobachtungsverfahren in Kindertageseinrichtungen – Auswirkungen auf die Wahrnehmung kindlicher Interessen, Dialogbereitschaft und Partizipation.* In Fröhlich-Gildhoff, K.; Haderlein, R.; Nentwig-Gesemann, I. (Hg.) Forschung in der Frühpädagogik. Freiburg i.Br., S. 203–234

WINNER, A. / ERNDT-DOLL, E. (Hg.) (2009): *Anfang gut? Alles besser! Ein Modell für die Eingewöhnung in Kinderkrippen und anderen Tageseinrichtungen für Kinder.* Weimar

WÜSTENBERG, W. (1992): *Soziale Kompetenz 1–2jähriger Kinder. Krabbelstube als Teil des sozialen Netzes und ihr Beitrag für die soziale Entwicklung des Kindes.* Frankfurt

YUVAL-DAVIS, N. (2006): *Intersectionality and Feminist Politics,* In: European Journal of Women's Studies / 13/2006, S. 193–209.

BIBLIOGRAPHIE CYNTHIA KRELL

BAIER, F. (2000): *Der Raum. Prolegomena zu einer Architektur des gelebten Raumes.* 2. Auflg. Köln.

BIBLIOGRAFIE MARTINA HERRMANN

BMFSFJ (Hg.) (2007): *20jährige Frauen und Männer heute – Lebensentwürfe, Rollenbilder, Einstellungen zur Gleichheit,* Sinus Milieustudie, 2007 http://www.bmfsfj.de/BMFSFJ/gleichstellung,did=103280.html, download 15.7.2011

KORSGAARD, C. (2009): *Self-Constitution. Agency, Identity, and Integrity,* Oxford

KREBS, A. (2002): *Arbeit und Liebe. Die philosophischen Grundlagen sozialer Gerechtigkeit.* Frankfurt am Main

OECHSLE-GRAUVOGEL, M. (2009): *Vereinbarkeit von Beruf und Familie,* In: IFF (Hg.), OnZeit, 1. Jg., Nr.1.

BIBLIOGRAFIE LISELOTTE AHNERT

AHNERT L. / LAMB M.E. (2000) *Infant-care provider attachments in contrasting German child care settings II: Invididual-oriented care after German reunification.* Infant behavior and Development, 23, S. 211–222

AHNERT, L. (2003) *Frühsozialisation in der DDR und die Entwicklung von Bindungsbeziehungen.* In: Kirchhöfer, D.; Neuner, G.; Steiner, I.; Uhlig, C.; (Hg.) Kindheit in der DDR: Die gegenwärtige Vergangenheit (pp. 177–188). Frankfurt am Main

AHNERT, L. / RICKERT, H. (2000). *Belastungsreaktionen bei beginnender Tagesbetreuung aus der Sicht früher Mutter-Kind-Bindung.* Psychologie in Erziehung und Unterricht, 47, S. 187–200

AHNERT, L., / LAMB, M. / SELTENHEIM, K. (2000) *Infant-care provider attachments in contrasting German child care settings I: Group-oriented care before German reunification*. Infant Behavior and Development, 23, S. 197–209

AHNERT, L. / GUNNAR, M. / LAMB, M. / BARTHEL, M. (2004) *Transition to child care: Associations of infant-mother attachment, infant negative emotion and cortisol elevations*. Child Development, 75, S. 639–650

AHNERT, L. / LAMB, M. / PORGES, S. / RICKERT, H. (submitted). *Infants' stress responses at child care entry and the role of care providers*

BELLER, E. / STAHNKE, M. / LAEWEN, H. (1983). *Das Berliner Krippenprojekt: Ein empirischer Bericht*. Zeitschrift für Pädagogik, 29, S. 407–416.

FEIN, G. / GARIBOLDI, A. / BONI, R. (1993) *The adjustment of infants and toddlers to group care: The first 6 months*. Early Childhood Research Quarterly, 8, S. 1–14.

LAEWEN, H. (1989) *Nichtlineare Effekte einer Beteiligung von Eltern am Eingewöhnungsprozess von Krippenkindern. Die Qualität der Mutter-Kind-Bindung als vermittelnder Faktor*. Psychologie in Erziehung und Unterricht, 36, S. 102–108.

RAUH, H. / ZIEGENHAIN, U. (1996) *Krippenerfahrungen und Bindungsentwicklung*. In: Tietze, W. (Ed.) Früherziehung, Trends, internationale Forschungsergebnisse, Praxisorientierungen (S. 97–113). Neuwied

ROBERTSON, J. / ROBERTSON, J. (1975). *Reaktionen kleiner Kinder auf kurzfristige Trennung von der Mutter im Lichte neuer Beobachtungen*. Psyche, 29, S. 626–664.

SCHMIDT-KOLMER, E. / TONKOWA-JAMPOLSKAJA, R. / ATANASSOWA, A. (1979). *Die soziale Adaptation der Kinder bei der Aufnahme in Einrichtungen der Vorschulerziehung*. Berlin

Der Beitrag ist ein Auszug aus dem Kapitel: AHNERT, L., KAPPLER, G. & ECKSTEIN T. *Die Eingewöhnung von Krippenkindern: Forschungsmethoden zu Bindung, Stress und Coping*. In: Viernickel, S.; Edelmann, D.; Hoffmann, H.; König, A. (Hg.), Forschung zur Bildung, Erziehung und Betreuung von Kindern unter drei Jahren. München: *Reinhardt*. – und wurde mit freundlicher Genehmigung der Autoren und des *Reinhardt Verlags* auch für diesen Band zur Verfügung gestellt.

BIBLIOGRAPHIE MARTINA RITZENHOFF

NIESEL, RENATE (2005): *Was brauchen Kinder unter drei? – Neuere Forschungsergebnisse zu den Lern- und Lebensbedingungen von Kleinkindern*. In: Arbeiterwohlfahrt Bezirksverband Mittelrhein e. V. (Hg.) Kitas im Wandel – Neue Entwicklungen und Herausforderungen für Tageseinrichtungen für Kinder. Dokumentation der Fachtagung am 25.01.2005) www.awo-mittelrhein.de/pdf/Dokumentation2005.pdf download 15.7.2011

BIOGRAFIEN DER AUTOREN

CORNELIA GIEBELER, Dr., Professorin an der *FH Bielefeld* für *Sozial- und Erziehungswissenschaftliche Theorien und Methoden*. Schwerpunkte: Kindheitsforschung, Rekonstruktive Forschungsmethoden, Global Social Work, Pädagogik der Kindheit, Area Studies: Lateinamerika. Themen: Kleinstkinder in Kitas, Kindermigration in Europa und den Amerikas, Fallanalysen zu Projekten der Sozialen Arbeit und Pädagogik in Mexiko, Chile, Bolivien, Venezuela, Sozialanthropologische Forschung in Juchitán, Mexiko zu Identität, Gender und Globalisierungsprozessen

THOMAS HENKE, Medienkünstler und Professor für *Neue Medien* an der *FH Bielefeld*, Schwerpunkte: Videoporträt, Authentifizierungsstrategien, Neue Medien und Wirklichkeit. Im Kunstraum waren HENKES Arbeiten in zahlreichen Einzel- und Gruppenausstellungen zu sehen, u. a. *Leopold Museum Wien, Wilhelm-Hack-Museum Ludwigshafen, Zeche Zollverein Essen* sowie *Galerie Anita Beckers Frankfurt*.

MARTINA HERRMANN, Dr., wissenschaftliche Angestellte an der *Technischen Universität Dortmund, Institut für Philosophie und Politikwissenschaft*. Schwerpunkte: Sozialphilosophie, Ethik, angewandte Ethik. Themen: Person, Freiheit, Achtung, Empathie, Beziehungen.

CYNTHIA KRELL, Referendarin für Kunst und Deutsch an einem Gymnasium in Detmold, freie Kunstvermittlerin und Kunstkritikerin. Schwerpunkte: Kunst und Kunsttheorie des 20. und 21. Jahrhunderts, Kuratorische Praxis, Theorie und Praxis der Kunstvermittlung.

LIESELOTTE AHNERT, Univ.-Prof. DDr., *Universität Wien, Arbeitsbereich Entwicklung, Institut für Entwicklungspsychologie und Psychologische Diagnostik*, Schwerpunkte: Theorien und Methoden der Entwicklungspsychologie, Psychologie der Frühen Kindheit, Neuropsychologie des Kleinkindes, Sozialisationsforschung und Anthropologie. Themen: Beziehungs- und Bindungsentwicklung in Familie, Kindergarten und Schule, Auswirkung außerfamiliärer Betreuung auf die Entwicklung des Kindes, Stressverarbeitung im Kindesalter, Frühe Bildung und soziale Kognition, Übergang: Kindergarten-Schule, Geschlechterdifferentes Lernen.

MARTINA RITZENHOFF, Diplom-Pädagogin, Fachlehrerin im *BA Pädagogik der Kindheit, FH Bielefeld*, Pädagogische Leitung der Forschungs- und Entwicklungskita *EffHa* des Studiengangs und Betriebskita der FH in Trägerschaft der *von Laer Stiftung*